Cuentos de la selva
Cuatro relatos

Adaptación didáctica, notas y actividades por **Rosana Ariolfo**

Ilustraciones por **Lucia Mattioli**

Redacción: Valeria Franzoni
Diseño y dirección de arte: Nadia Maestri
Maquetación: Simona Corniola
Búsqueda iconográfica: Laura Lagomarsino

© 2008 Cideb, Génova, Londres

Primera edición: mayo de 2008

Búsqueda iconográfica: Archivo Cideb; Bojan Brecelj/CORBIS:
pág. 45.
La editorial quiere agradecer a la Profesora Gloria Boscaini la
concesión de las fotos de las páginas 7 y 90.

Todos los sitios internet señalados han sido verificados en la
fecha de publicación de este libro. El editor no se considera
responsable de los posibles cambios que se hayan podido
verificar. Se aconseja a los profesores que controlen los sitios
antes de utilizarlos en clase.

Para cualquier sugerencia o información se puede establecer
contacto con la siguiente dirección:
info@blackcat-cideb.com
www.blackcat-cideb.com

ISBN   978-88-530-0864-0   libro + CD

Impreso en Italia por Litoprint, Génova

Índice

Texto integralmente grabado.

 Este símbolo indica las actividades de audición.

Una vida entre selvas...

Horacio Silvestre Quiroga, uno de los precursores del cuento rioplatense, nació el 31 de diciembre de 1878 en Salto, Uruguay. Su padre, Prudencio Quiroga, vicecónsul de la Argentina en dicha ciudad, y su madre, Pastora Forteza, uruguaya, decidieron ponerle a su hijo dos nombres que bien lo acompañaron en su vida: Horacio, igual que el gran poeta latino del siglo I a. de C., y Silvestre, es decir, salvaje, rústico, que vive en la selva o en el campo. Dos señales, tal vez, que anunciaban a este gran fabricante de historias que transformó la selva misionera en el escenario de muchos de sus cuentos.

Desde el comienzo de su vida, Quiroga vivió sumergido en acontecimientos trágicos: la muerte accidental de su padre, el suicidio de su padrastro, a quien quería profundamente, la muerte de su mejor amigo, Federico Ferrando, el suicidio de su esposa, la muerte de dos de sus hermanas. Pero todo este dolor no le impidió hacer realidad sus sueños: vivir en la selva y contar cuentos.

De niño vivió en Córdoba, ciudad de Argentina, donde su madre, viuda, había decidido trasladarse para tratar la enfermedad pulmonar de una de sus hijas. Después de cuatro años en las sierras, regresaron al Uruguay, donde el futuro escritor completó sus estudios secundarios y comenzó a demostrar un enorme interés por la química, la fotografía, la mecánica, el ciclismo, la vida de campo y, sobre todo, la literatura.

En efecto, las poesías del argentino Leopoldo Lugones le gustaron tanto que en 1898 viajó a Buenos Aires donde pudo conocer al prestigioso literato y, después de varias visitas fugaces, nació entre ellos una profunda amistad.

Ese mismo año, durante el carnaval, el joven Quiroga conoció a su primer amor, María Esther Jurkovski, que inspiró dos de sus obras más importantes: *Las sacrificadas* y *Una estación de amor*. Pero los conflictos con los padres de la joven, que se oponían firmemente a esa relación, los llevaron a la separación definitiva.

En 1902, después de un viaje a París, se mudó a Buenos Aires y un año más tarde llegó a Misiones, una provincia del noreste argentino, como fotógrafo de una expedición financiada por el Ministerio de Educación, en la que su amigo Lugones planeaba investigar unas ruinas de las misiones jesuíticas [1].

Siete años después, Quiroga se instaló con su primera esposa en una casa que hizo construir en San Ignacio: la selva misionera lo fue

---

1. **misión jesuítica** : resto de una civilización diseñada por jesuitas y construida por manos de indios guaraníes hace más de 400 años.

atrayendo hasta penetrar profundamente en su obra. Allí vivió hasta 1916 y, aunque trató de ganarse la vida como cazador, pescador, carpintero, campesino (plantó árboles, hizo vino de naranjas, fabricó dulces), no abandonó su verdadera pasión: la literatura. Tras la muerte de su esposa, regresó a Buenos Aires a probar suerte con sus cuentos. Nacieron entonces los *Cuentos de amor, de locura y de muerte*, que ya dejaban entrever las dotes del gran cuentista rioplatense, y los *Cuentos de la selva*, relatos dedicados a sus hijos, que dieron inicio al cuento infantil en Latinoamérica.

En 1927 se casó con María Elena Bravo, y unos años más tarde se trasladó con ella y la única hija de este segundo matrimonio nuevamente a la selva, donde vivió hasta sus últimos días.

En 1935 publicó *Más allá*, obra que contiene uno de sus mejores cuentos, *El hijo*, y dos años después, triste y solo, tras el abandono de su familia y enfermo de cáncer, Quiroga decidió quitarse la vida el 19 de febrero de 1937.

y cuentos...

Lo más trascendente de la obra de Horacio Quiroga son los cuentos cortos. Su estilo está perfectamente resumido en su *Decálogo del perfecto cuentista*, dedicado a los escritores noveles: admirador e imitador, cuando era imprescindible, de sus maestros Edgar Allan Poe, Guy de Maupassant, Rudyard Kipling, Anton Chejov, Quiroga se sintió atraído por temas que trataban los aspectos más extraños de la Naturaleza, generalmente impregnados de horror, enfermedad y sufrimiento para los seres humanos.

Su prosa es simple y espontánea, económica, precisa y poco adjetivada. Nada está de más en sus relatos: «Si quieres expresar con exactitud esta circunstancia: *Desde el río soplaba un viento frío*, no hay

La casa de Horacio Quiroga en San Ignacio Miní/Misiones.

en lengua humana más palabras que las apuntadas para expresarla»,
dice en su decálogo.

El cuentista uruguayo, atento observador de la naturaleza, describe
con mucha precisión la selva misionera, con su fauna, su clima, en
fin, todas las características que componen el escenario en donde sus
personajes cobran vida. Personajes que en su mayoría son animales,
aunque se expresan de la misma manera que los humanos y tienen,
gracias a su «humanización», la capacidad no solo de poner en
evidencia sus virtudes y defectos, sino también de dejarnos una
enseñanza.

Así, por ejemplo, la abeja haragana muestra su pereza frente a la
laboriosidad de sus compañeras, pero también su astucia cuando
tiene que enfrentar a la serpiente. La tortuga gigante manifiesta todo
su reconocimiento y su cariño hacia el cazador moribundo que le
había salvado la vida. La gamita queda ciega a causa de su
desobediencia. Los yacarés demuestran su solidaridad frente a la

prepotencia del hombre. El surubí no siente rencor y se une a los yacarés a pesar del daño irreparable que estos le habían causado en el pasado.

De esta manera, sentimientos y cualidades como el egoísmo, la pereza, la envidia, el orgullo, la astucia, la generosidad, el perdón, la solidaridad, la lealtad, entre otras, se perciben a lo largo de sus cuentos y se encarnan en los personajes intentando hacernos entender la vanidad del enfrentamiento entre Naturaleza y Hombre, pues el ser humano forma parte de ella y querer destruirla, además de ser una empresa imposible, es atacarse a sí mismo.

1 Lee las palabras relacionadas con la vida de Horacio Quiroga. Luego completa el texto ayudándote con los siguientes verbos: *escribió, nació, volvió, se fue, se casó, viajó, se instaló, murió, soñaba, permaneció, regresó.*

> Uruguay   31/12/1878   selva misionera
>
> escribir cuentos   Buenos Aires   cuentos

Horacio Quiroga (1) .... en
(2) .... el (3) ....
Ya desde su niñez (4) .... con vivir en la
(5) .... y (6) ....
A los 24 años (7) .... a
(8) .... y un año más tarde
(9) .... a Misiones por trabajo donde, siete
años después, (10) .... a vivir con su primera
esposa. Allí (11) .... hasta 1916.
Luego de la muerte de su mujer, (12) .... a
Buenos Aires y (13) .... algunos de sus
(14) .... más famosos.
A los 49 años (15) .... por segunda vez y
(16) .... a Misiones, donde
(17) .... en febrero de 1937.

La abeja haragana

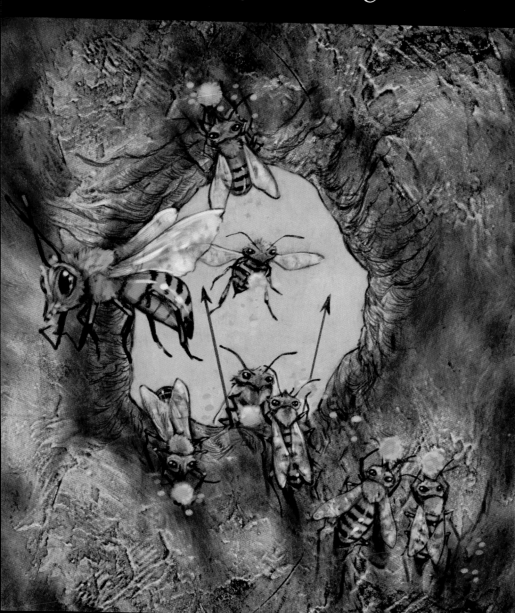

Antes de leer

1 Observa las fotos y completa las frases.

A   abeja / colmena   B   cera / miel   C   plantas sensitivas

D   Misiones   E   rocas   F   patas

1   Las .... son originarias de América Central y abundan en .... , una provincia del noroeste argentino.

2   La culebra se oculta debajo de la tierra o entre las ....

3   La .... es un insecto que vive en colonias y habita en los huecos de los árboles o en las .... que el hombre le prepara.

4   Las abejas son muy trabajadoras y producen la .... y la ....

5   Las abejas se peinan con las ....

Primera parte

Había una vez en una colmena una abeja que no quería trabajar, es decir, volaba por los árboles y tomaba el jugo de las flores; pero en vez de transformarlo en miel, se lo quedaba todo.

Era, pues, una abeja haragana [1]. Todas las mañanas, apenas el sol calentaba el aire, la abejita salía de la colmena, veía que hacía buen tiempo, se peinaba con las patas, como hacen las moscas, y empezaba a volar muy contenta. Volaba entre las flores, entraba en la colmena, volvía a salir, y así se lo pasaba todo el día mientras las otras se mataban trabajando para llenar la colmena de miel, que es el alimento de las recién nacidas.

Como las abejas son muy serias, comenzaron a enfadarse con la hermana haragana. En la puerta de las colmenas hay siempre dos o tres guardianas, generalmente viejas y sabias, que no dejan entrar a los bichos [2].

Un día, pues, le impidieron la entrada a la abeja haragana cuando esta intentaba meterse en su casita:

1. **haragana** : que no le gusta trabajar.
2. **bicho** : animal pequeño.

Cuentos de la selva

—Compañera: es necesario que trabajes, al igual que todas nosotras.

La abejita contestó:

—Yo vuelo todo el día y me canso mucho.

—No nos importa nada. Tienes que trabajar. Es la primera advertencia que te hacemos.

Y la dejaron pasar.

Pero la abeja haragana no se corregía. De modo que la tarde siguiente las abejas que estaban de guardia le dijeron:

—Trabaja, hermana.

Y ella respondió enseguida:

—¡Uno de estos días lo voy a hacer!

—No, no lo harás uno de estos días —le respondieron—, sino mañana mismo. Acuérdate de esto.

Y la dejaron pasar.

La noche siguiente se repitió la misma escena. Pero apenas vio a sus hermanas, la abejita exclamó:

—¡Sí, sí! ¡Ya me acuerdo de lo que he prometido!

—No nos importa si te acuerdas o no —le respondieron—. Hoy es diecinueve de abril. Pues bien: para mañana, veinte, trae por lo menos una gota de miel. Y ahora, pasa.

Pero el día veinte pasó en vano como todos los demás. Con la diferencia de que por la tarde comenzó a soplar un viento frío. La abejita haragana voló deprisa hacia su colmena, pensando en el calorcito de su casa. Pero cuando quiso entrar, las abejas que estaban de guardia se lo impidieron.

—¡No se entra! —le dijeron fríamente.

—¡Yo quiero entrar! —gritó la abejita—. Esta es mi colmena.

—Esta es la colmena de unas pobres abejas trabajadoras —le contestaron—. No hay entrada para las haraganas.

—¡Mañana sin falta voy a trabajar! —insistió la abejita.

—No hay mañana para las que no trabajan —respondieron las abejas, que saben mucha filosofía.

Y diciendo esto la dejaron fuera.

La abejita, sin saber qué hacer, voló un rato más; pero ya se hacía de noche y no se veía casi nada. Quiso cogerse de una hoja y se cayó al suelo. Tenía el cuerpo rígido por el aire frío y no podía volar más.

Subiendo y bajando de los palitos y piedritas que para ella eran como montañas, llegó a la puerta de la colmena, justo cuando comenzaban a caer frías gotas de lluvia.

—¡Ay, mi Dios! —gritó la pobre—. Va a llover y me voy a morir de frío.

Y trató de entrar en la colmena.

Pero de nuevo le cerraron el paso.

—¡Perdón! —suplicó la abeja—. ¡Quiero entrar!

—Ya es tarde —le respondieron.

—¡Por favor, hermanas! ¡Tengo sueño!

—Es más tarde aún.

—¡Compañeras, por piedad! ¡Tengo frío!

—Imposible.

—¡Por última vez! ¡Me voy a morir!

Entonces le dijeron:

—No, no morirás. Aprenderás en una sola noche lo que es el descanso ganado con el trabajo. Vete.

Y la echaron.

Comprensión lectora y auditiva

1 En el texto siguiente hay 9 datos incorrectos. Detéctalos y corrígelos.

Había una vez una abejita que vivía en una caverna. Por la noche, bien tarde cuando veía la luna, él salía volando y saltaba de una roca a la otra. Y así se pasaba la noche sin hacer nada, mientras sus hermanas dormían mucho para fabricar caramelos.

....

....

....

....

....

2 Marca con una ✗ si las afirmaciones son verdaderas (V) o falsas (F) y justifica tus respuestas en tu cuaderno.

	V	F
1 Las abejas se enfadaron mucho con la hermana porque era muy seria.	☐	☐
2 La abejita llegaba siempre cansada a la colmena porque trabajaba mucho.	☐	☐
3 La abejita nunca colaboraba con sus hermanas, pero ellas siempre la perdonaban.	☐	☐
4 Las abejas guardianas un día le prohibieron la entrada a su hermana porque no había cumplido su promesa.	☐	☐

3 ¿Quién lo ha dicho? Escucha lo que dicen estos personajes. Luego escribe en cada casilla la letra correspondiente.

a Abejas trabajadoras   **b** Abeja haragana   **c** Abejas guardianas

1	2	3	4	5	6	7	8

Gramática

El pretérito imperfecto de indicativo

Verbos regulares

	Volar	Querer	Salir
Yo	vol -aba	quer -ía	sal -ía
Tú	vol -abas	quer -ías	sal -ías
Él, ella, usted	vol -aba	quer -ía	sal -ía
Nosotros/as	vol -ábamos	quer -íamos	sal -íamos
Vosotros/as	vol -abais	quer -íais	sal -íais
Ellos, ellas, ustedes	vol -aban	quer -ían	sal -ían

Verbos irregulares

	Ser	Ver	Ir
Yo	era	veía	iba
Tú	eras	veías	ibas
Él, ella, usted	era	veía	iba
Nosotros/as	éramos	veíamos	íbamos
Vosotros/as	erais	veíais	ibais
Ellos, ellas, ustedes	eran	veían	iban

1 Conjuga los verbos entre paréntesis en pretérito imperfecto y completa el texto.

Las abejas **1** (*vivir*) .... todas juntas en una colmena que **2** (*ser*) .... grande, muy calentita y **3** (*estar*) .... llena de miel.

En la puerta **4** (*haber*) .... siempre unas guardianas que **5** (*impedir*) .... el paso de bichos extraños.

Como todas **6** (*ser*) .... muy trabajadoras, **7** (*enfadarse*) .... a menudo con su hermanita porque **8** (*ser*) .... la única que no **9** (*querer*) .... trabajar: **10** (*salir*) .... todas las mañanas bien tempranito, **11** (*volar*) .... entre las flores y **12** (*volver*) .... a casa cansada y sin una gota de miel.

Una tarde, mientras **13** (*subir*) .... y **14** (*bajar*) .... de las flores y de las piedras, empezó a llover. Entonces la abejita volvió deprisa a su colmena e intentó entrar, pero las abejas guardianas se lo impidieron.

2 ¿Para qué puede ser útil el pretérito imperfecto? Analiza el uso de este tiempo verbal en el texto que acabas de leer y completa el cuadro.

El **pretérito imperfecto** se usa para (**1**) .... del pasado. A veces va acompañado de expresiones como:
(**2**) ...., siempre, a veces, todos los días, etc. Lo que interesa es el transcurso de la acción y no la acción terminada.

La abejita **salía** *todas las mañanas de su colmena.*

También se usa para (**3**) .... una situación, una persona, un animal o un objeto en (**4**) ....

La colmena **era** *grande y muy calentita.*
Las abejas **eran** *muy trabajadoras.*

Léxico

1 Clasifica estas palabras en la tabla. Luego combínalas (puedes modificarlas o añadir otras nuevas) y escribe frases en tu cuaderno.

entonces   estar   salir   la abeja   ir   guardiana   todo el día
volver   siempre   chupar   los bichos   haragana   trabajar   ya
querer   trabajadora   dejar   la flor   porque   volar   la colmena
entre   la casita   pero   comenzar   por la mañana   vieja   como
cansada   con   enfadarse   sin   el suelo

Ejemplo: *Por la mañana, la habeja haragana salía de la colmena.*

Personajes	Acciones	Lugares	Características	Palabras unión
la abeja	salir	la colmena	haragana	por la mañana

Segunda parte

Entonces, temblando de frío y con las alas muy mojadas, la abeja llegó a una caverna donde había una culebra que la miraba atentamente y lista para lanzarse encima de ella.

En verdad, aquella caverna era la cavidad de un árbol que la culebra había elegido para esconderse.

Como las serpientes comen abejas, la abejita tenía mucho miedo y, cerrando los ojos, murmuró:

—¡Adiós mi vida! ¡Esta es mi última hora!

Pero milagrosamente, la culebra no la devoró y le dijo:

—¿Qué tal, abejita? Si estás aquí a estas horas significa que no eres muy trabajadora.

—Es cierto —murmuró la abeja—. No trabajo y yo tengo la culpa.

—Siendo así —dijo la culebra burlona—, voy a quitar del mundo a un mal bicho como tú. Te voy a comer, abeja.

La abeja, temblando, exclamó entonces:

—¡No es justo eso, no es justo! ¡No es justo porque usted es más fuerte que yo!

—¡Bueno! Con justicia o sin ella, te voy a comer, prepárate.

Y se echó atrás, para lanzarse sobre la abeja. Pero esta exclamó:

La abeja haragana

—Usted hace eso porque es menos inteligente que yo.

—¿Yo menos inteligente que tú? —se rio la culebra.

—Así es —afirmó la abeja.

—Pues bien —dijo la culebra—, vamos a verlo. Vamos a hacer dos pruebas: si yo hago la más rara, gano. Y te como. Si, en cambio, la haces tú, tienes el derecho de pasar la noche aquí. ¿Estás de acuerdo?

—Sí —contestó la abeja.

La culebra se echó a reír de nuevo, porque había tenido una idea muy ingeniosa: salió un instante fuera, tan velozmente que la abeja no tuvo tiempo de nada. Y volvió con una cápsula de semillas de eucalipto, de esas que los chicos hacen bailar como trompos[1].

—Esto es lo que voy a hacer —dijo la culebra—. ¡Fíjate bien, atención!

Puso la cola alrededor del trompito como un hilo y la desenvolvió a toda velocidad, con tanta rapidez que el trompito quedó bailando y zumbando[2] como un loco.

La culebra se reía, y con mucha razón, porque jamás una abeja ha hecho ni podrá hacer bailar un trompito. Pero cuando el trompito cayó por fin al suelo, la abeja dijo:

—Esa prueba es fantástica, yo nunca podré hacer eso.

—Entonces, te como —exclamó la culebra.

—¡Un momento! Yo no puedo hacer eso, pero hago una cosa que nadie hace.

—¿Qué es eso?

—Desaparecer.

—¿Cómo? —exclamó la culebra, dando un salto de sorpresa—. ¿Desaparecer sin salir de aquí?

—Sin salir de aquí.

—¿Y sin esconderte en la tierra?

1. **trompo** : juguete de madera, de forma cónica que se hace girar con un hilo.
2. **zumbar** : producir un sonido similar al de la abeja cuando vuela.

Cuentos de la selva

—Sin esconderme en la tierra.

—Pues bien, ¡hazlo! Y si no lo haces, te como enseguida —dijo la culebra.

El caso es que mientras el trompito bailaba, la abeja había tenido tiempo de examinar la caverna y había visto una plantita que crecía allí.

La abeja se acercó a la plantita, con cuidado para no tocarla, y dijo así:

—Ahora me toca a mí, señora culebra. Me va a hacer el favor de cerrar los ojos, y contar hasta tres. Cuando diga «tres», búsqueme por todas partes, ¡ya no estaré más!

Y así pasó. La culebra dijo rápidamente: «uno..., dos..., tres» y, cuando abrió los ojos, allí no había nadie. Miró hacia arriba, hacia abajo, recorrió todos los sitios, la plantita, tocó todo con la lengua. Inútil: la abeja había desaparecido.

La culebra comprendió entonces que si su prueba del trompito era muy buena, la prueba de la abeja era simplemente extraordinaria. Pero, ¿dónde estaba? No había modo de encontrarla.

—¡Bueno! —exclamó por fin—. Tú ganas. ¿Dónde estás?

Una voz que apenas se oía —la voz de la abejita— salió del medio de la caverna.

—¿No me vas a hacer nada? —dijo la voz—. ¿Me lo juras?

—Sí —respondió la culebra—. Te lo juro. ¿Dónde estás?

—Aquí —respondió la abejita, apareciendo enseguida de entre unas hojas de la plantita.

¿Qué había pasado? Una cosa muy sencilla: la plantita en cuestión era una sensitiva, una especie muy común en Misiones, que tiene la particularidad de que sus hojas se cierran al menor contacto. Es por eso que cuando la abeja la tocó, las hojas se cerraron, ocultando completamente al insecto.

Cuentos de la selva

La inteligencia de la culebra no había sido suficiente para darse cuenta de este fenómeno; pero la abeja lo había observado, y lo usó para salvar su vida. La culebra no dijo nada, pero estaba muy irritada porque había perdido.

Fue una noche larga, interminable, que las dos pasaron junto a la pared más alta de la caverna, porque la tormenta era terrible y el agua entraba como un río.

Hacía mucho frío, además, y adentro estaba todo oscuro. La abeja recordaba su vida anterior, durmiendo noche tras noche en la colmena, bien calentita, y lloraba, entonces, en silencio.

Cuando llegó el día y salió el sol, porque el tiempo había mejorado, la abejita voló y lloró otra vez en silencio ante la puerta de la colmena, que su familia había construido con mucho esfuerzo. Las abejas de guardia la dejaron pasar sin decirle nada porque comprendieron que la que volvía no era la haragana, sino una abeja que había hecho en una sola noche un duro aprendizaje de la vida.

Así fue, en efecto. A partir de ese día, ninguna como ella fabricó tanta miel. Y cuando el otoño llegó, y llegó también el final de sus días, tuvo aún tiempo de dar una última lección antes de morir a las jóvenes abejas que la rodeaban:

—No es nuestra inteligencia, sino nuestro trabajo lo que nos hace tan fuertes. Yo usé mi inteligencia para salvar mi vida. Tuve que hacer ese esfuerzo porque no había trabajado como todas y no tenía la noción del deber, que adquirí aquella noche. Hay que trabajar, compañeras, pensando que el objetivo de nuestros esfuerzos —la felicidad de todos— es muy superior a la fatiga de cada uno. Los hombres llaman «ideal» a esto. Y tienen razón. Esta es la única filosofía en la vida de un hombre y de una abeja.

Comprensión lectora y auditiva

1 Ordena las frases numerándolas de 1 a 8.

a **8** Al día siguiente, apenas salió el sol, la abeja volvió a su colmena.

b **1** La abeja se metió en una caverna que, en realidad, era un gran hueco en el tronco de un árbol. Allí había una culebra que la miraba con ganas de comérsela.

c **3** La culebra hizo girar muy velozmente con su cola una semilla de eucalipto.

d **4** La abeja desapareció y la culebra no pudo encontrarla.

e **2** Para darle la posibilidad de salvar su vida, la culebra propuso a la abeja hacer dos pruebas. Para salvarse, la abeja tenía que hacer la prueba mejor.

f **6** La culebra estaba muy enfadada porque había perdido.

g **5** La abeja se había ocultado en una de esas plantas sensitivas que se cierran apenas las tocan.

h **7** La abeja pasó la noche en la cueva con la culebra.

2 Lee atentamente las preguntas. Luego escucha el texto sobre la selva misionera y responde.

1 ¿Cuál es una de las pricipales características de la provincia de Misiones?

2 ¿Por qué se llama así?

3 Marca con una **✗** los animales mencionados en la grabación.

a	☐ mono	h	☐ tero	o	☐ elefante
b	☐ ñandú	i	☐ yaguareté	p	☐ pájaro carpintero
c	☐ zorro	j	☐ león	q	☐ puma
d	☐ tiburón	k	☐ rana	r	☐ tortuga
e	☐ cocodrilo	l	☐ ballena	s	☐ oso hormiguero
f	☐ picaflor	m	☐ zorzal	t	☐ perro
g	☐ abeja	n	☐ pato		

4 ¿En qué se diferencia la zona de la Selva misionera del Sector de los campos?

Gramática

Expresar causa

Como y **porque** sirven para explicar la razón de algo en el presente, en el pasado o en el futuro, pero no se usan de la misma manera. Lee los ejemplos y explica cuál es la diferencia. Luego escribe debajo de cada ejemplo la otra manera de decirlo.

Como mi amigo no viene, me voy al cine solo.

(1) Me voy al cine solo porque mi amigo no viene.

No saldré con mis amigos porque tengo que estudiar.

(2) Como tenga que estudiar, no saldré con mis amigos.

Como va siempre (3) ...... porque: ...... de la oración.

1 Une los elementos de los dos grupos y forma frases.

Ejemplo: *Como tenía mucho frío, la abejita volvió deprisa a su colmena.*

1 b Como las serpientes comen abejas,
2 d Como la abeja no trabajaba,
3 a Como la abeja hizo la mejor prueba,
4 c Como la culebra había perdido,

a la culebra le perdonó la vida.
b la abejita tenía miedo de morir.
c estaba muy enfadada.
d las hermanas siempre se enfadaban con ella.

2 Ahora haz lo mismo en tu cuaderno pero usa la conjunción causal *porque*.

Ejemplo: *La abejita volvió deprisa a su colmena porque tenía mucho frío.*

Oraciones comparativas

De superioridad: se construyen con: **más ... que ...**
De inferioridad: se construyen con: **menos ... que ...**
De igualdad: puedes construirla con: **tan ... como ...**

*Usted es **más** fuerte **que** yo.*
*La película es **menos** interesante **que** el libro.*
*Tu padre es **tan** inteligente **como** el mío.*

¡Ojo! Si el segundo término es un pronombre personal, se usa la forma sujeto. Observa: *¿Yo **menos** inteligente **que** tú?*   *Pedro es **más** alto **que yo**.*

3 Forma frases comparativas de igualdad, de inferioridad y de superioridad con los siguientes grupos de palabras.

1 La miel / la mermelada ....

2 La colmena / la cueva ....

3 Las abejas trabajadoras / la abeja haragana ....
....

4 La abeja / la culebra ....

Léxico

1 Sustituye las expresiones y palabras en negrita por otras con el mismo significado, que puedes encontrar en la segunda parte del cuento.

1 La abeja llegó a una **cueva** donde vivía una culebra. *Caverna*

2 La culebra se **ocultaba** en la cavidad de un árbol. *escondía*

3 La culebra prefirió no **comérsela** y le propuso hacer unas pruebas.
consumirsela

4 Voy a matar a un **insecto pequeño**. *abeja*

5 Si tú ganas, podrás **quedarte a dormir** en mi cueva. *estansisy sueno*

6 La culebra **empezó a reírse** porque creía que la abeja era tonta.
se alegre

7 La culebra buscó a la abeja por todos los **lugares**, pero no la encontró.
....

8 La abejita dio una última lección antes de morir a las compañeras que **estaban a su alrededor**. ....

2 Escribe el número correspondiente a cada parte del cuerpo de la abeja en la casilla adecuada.

A 3
B 1
C 5
H 7
G 6
E 4
D 2
F 8

1 cabeza   5 antenas

2 ojos   6 tórax

3 alas   7 aguijón

4 abdomen   8 patas

Expresión oral y escrita

1 **Comenta con tus compañeros.**

1   ¿Te ha gustado el cuento? ¿Por qué?

2   ¿Crees que esta situación puede darse también entre los seres humanos?

3   ¿Puedes dar algún ejemplo y comentarlo?

2 **Profundiza.**

1   ¿Qué sabes sobre la vida de las abejas?

2   ¿Cómo viven? ¿Cómo respiran? ¿Cómo se alimentan? ¿Cómo se reproducen?

3 **Trabaja con tu compañero. Intenta unir estas frases, que resumen la segunda parte del cuento. Para cohesionarlas puedes usar estas expresiones: *pero, y, allí, como, la pobre abeja, ella, el insecto, la, le, en cambio, la mañana siguiente, pues,* etc. Ten en cuenta que puedes hacer las modificaciones que creas oportunas, incluso eliminar o añadir alguna frase.**

1   La abejita se metió en una caverna.

2   En la caverna vivía una culebra.

3   Las culebras comen insectos.

4   La abejita tenía miedo.

5   La culebra le propuso hacer dos pruebas.

6   Si la abeja hacía la mejor prueba podía pasar la noche en la caverna.

7   La abeja ganó la prueba.

8   La abeja pasó la noche en la caverna.

9   La mañana siguiente la abeja volvió a su colmena.

10   Las guardianas dejaron pasar a la abeja.

11   La abeja aprendió una lección.

La tortuga gigante

Antes de leer

6 **1** Escucha y lee lo que dicen los personajes de este cuento. Luego asocia las frases con las respectivas imágenes.

| A | El hombre-cazador | B | El director del Zoo | C | La tortuga gigante |
| D | El tigre | E | El ratón | F | El mono |

1 ☐ No me gusta vivir encerrado en esta jaula. No quiero pasarme la vida en un zoológico.

2 ☐ Yo antes vivía en la ciudad. Ahora vivo en el monte y cazo animales.

3 ☐ Mi casa es mi caparazón. Cuando quiero dormir, solo tengo que meter mi cabeza dentro de él.

4 ☐ Yo dirijo un lugar donde viven muchos animales. Pero no están en libertad.

5 ☐ Yo camino por todas partes, pero no me gusta mucho andar por la ciudad porque a veces encuentro trampas y veneno.

6 ☐ Yo pertenezco a la familia de los félidos, igual que los gatos. Me gusta mucho la carne.

Primera parte

Había una vez un hombre que vivía en Buenos Aires y estaba muy contento porque era un hombre sano y trabajador. Pero un día se enfermó y los médicos le dijeron que para curarse debía trasladarse a vivir al campo. Él no quería ir porque tenía que ocuparse de sus hermanos pequeños; pero su salud empeoraba cada día más. Un amigo suyo, que era director del Zoológico, le dijo un día:

—Usted es amigo mío y es un hombre bueno y trabajador. ¿Por qué no se va a vivir al monte? Allí puede hacer ejercicio al aire libre. Sólo así podrá curarse. Si quiere, puede cazar animales y traerme los cueros: yo le daré dinero que le servirá para alimentar a sus hermanitos.

El hombre enfermo aceptó y se fue a vivir al monte, lejos, donde hacía mucho calor, y eso le hacía muy bien.

Vivía solo en el bosque y él mismo se preparaba de comer. Comía pájaros y bichos del monte, que cazaba con la escopeta [1], y

---

1. **escopeta** : arma de fuego similar al fusil.

también comía frutos. Dormía bajo los árboles y, cuando hacía mal tiempo, construía en cinco minutos una casita con hojas de palmera donde pasaba el tiempo sentado, muy contento, en medio de la naturaleza.

El hombre tenía otra vez buen color, estaba mucho más fuerte y tenía apetito. Precisamente un día que tenía mucha hambre, porque hacía dos días que no cazaba nada, vio en la orilla de una gran laguna un tigre enorme que quería comerse una tortuga.

Como el cazador tenía una escopeta, el tigre se escapó corriendo.

—Ahora —se dijo el hombre— voy a comer tortuga, que es una carne muy rica.

Pero cuando se acercó a la tortuga, vio que estaba herida y, a pesar del hambre que tenía, sintió pena y le vendó [1] la cabeza con tiras de tela de su camisa, muy lentamente para no hacerle daño.

1. **vendar** : cubrir una herida.

Cuentos de la selva

La tortuga pasó días y días sin moverse. Era inmensa, tan alta como una silla y pesaba mucho, tanto como un hombre.

El hombre la curaba todos los días y después le daba golpecitos con la mano sobre el lomo.

El animal sanó por fin. Pero entonces fue el hombre quien se enfermó. Tenía fiebre y le dolía todo el cuerpo. No podía levantarse, la fiebre aumentaba y la garganta le quemaba de tanta sed. El hombre comprendió entonces que estaba gravemente enfermo y, aunque estaba solo, habló en voz alta:

—Voy a morir —dijo—. Estoy solo, ya no tengo fuerzas para levantarme y nadie puede darme agua. Voy a morir aquí de hambre y de sed.

Luego perdió el conocimiento.

Pero la tortuga lo había oído y había entendido todo lo que el cazador había dicho.

—El hombre no me comió la otra vez, a pesar del hambre que tenía, y me curó. Yo lo voy a curar a él ahora.

Fue entonces a la laguna, buscó un caparazón de tortuga pequeña y, después de limpiarlo bien con arena, lo llenó de agua y le dio de beber al hombre, que estaba tendido en el suelo. Se puso a buscar enseguida raíces y hierbas y se las dio al hombre, que comía sin darse cuenta de quién le daba la comida.

Todas las mañanas, la tortuga recorría el monte buscando raíces cada vez más ricas para dárselas al enfermo y le daba mucha pena no poder subirse a los árboles para llevarle frutas.

Comprensión lectora y auditiva

1 Responde a las siguientes preguntas.

1 ¿Por qué el hombre tuvo que irse a vivir al monte?

2 ¿Cómo vivía? ¿Qué comía? ¿Dónde dormía?

3 ¿Qué pensó cuando vio a la tortuga?

4 ¿Qué hizo cuando vio que estaba herida?

5 ¿Qué le pasó al hombre cuando la tortuga se curó?

6 ¿Qué hizo la tortuga al ver que el hombre se estaba muriendo?

2 Escucha lo que dicen estos personajes. ¿Quiénes son?
Márcalo con una **X**.

	a Director	b Tortuga	c Cazador
1			
2			
3			
4			

3 Vuelve a escuchar y asocia lo que dicen los personajes con las frases que encuentras a continuación. ¿Sabes quién las dice?

1 ☐2☐b ¡Qué hambre tengo! Voy a comerme a esa tortuga, dicen que la carne de tortuga es muy rica...
.cazador...

2 ☐☐ ¡Me voy a morir! ¡Ya no tengo fuerzas para moverme!
....

3 ☐☐ Mire, le he traído un poco de agua fresca en este caparazón. Beba. Y aquí tiene algunas raíces, son muy ricas.
....

4 ☐☐ Estoy enfermo, no sé qué hacer para curarme...
....

33

Gramática

1 Subraya en el texto que has leído las partes de oración donde aparece *muy* y *mucho* (*muchos, mucha, muchas*). Luego transcríbelas abajo y completa el esquema.

....

....

....

....

....

....

Muy	**Mucho (muchos, mucha, muchas)**
Se usa con (**1**) .... y (**2**) .adverbios. , excepto con *menos* y (**3**)	Se usa antes de (**4**) .... o (**5**) .... del verbo. También con los adverbios (**6**) .... y (**7**) ....

2 Ahora completa estas frases.

1 Mi hermano está .... enamorado de María.

2 Pedro es un niño .... pequeño.

3 Esta camiseta está .... sucia.

4 Mi madre me quiere ....

5 Hace .... días que no nos vemos.

6 Este sombrero me gusta .... más que éste.

7 Las tortugas caminan .... lentamente.

8 Has hecho .... bien este ejercicio.

9 Mi tío es .... simpático y tiene .... amigas.

10 Los españoles suelen comer .... tarde.

Léxico

1 Busca en la primera parte del cuento los contrarios de estas palabras.

1	haragán	7	triste	....
2	grande	8	débil	....
3	mejorar	9	alejarse	....
4	llevar	10	curarse	....
5	poco	11	sano	....
6	destruir	12	enfermarse	....

2 Ahora completa las frases con algunas de las palabras de arriba.

1 Pedro hoy no ha ido al colegio porque está ....

2 En la esquina de mi casa han empezado a .... un supermercado.

3 El médico le aconsejó reposo porque estaba muy ....

4 —María, ¿me traes, por favor, los libros que están encima de la mesa de la cocina?

—Claro, enseguida te los .... (yo).

5 Si no te cuidas, tu salud va a ....

6 Ese hombre nunca va a progresar. Es un ....

7 Abrígate, hoy hace .... frío.

8 Los niños no deben .... de los adultos cuando están por la calle.

Expresión oral y escrita

1 Ahora relata oralmente la primera parte del cuento y luego resúmelo por escrito en tu cuaderno en no más de 90 palabras.

Segunda parte

El cazador comió así días y días sin saber quién le daba la
comida, hasta que un día recuperó el conocimiento. Miró a todos
lados, vio a la tortuga y dijo otra vez en voz alta:

—Estoy solo en el bosque, la fiebre va a volver de nuevo y voy
a morir aquí, porque solamente en Buenos Aires hay medicinas
para curarme. ¡Nunca podré ir! ¡Voy a morir aquí!

Pero también esta vez la tortuga lo oyó y se dijo:

—Si se queda aquí en el monte se va a morir porque no hay
medicinas. Tengo que llevarlo a Buenos Aires.

Dicho esto, cortó enredaderas [1] finas y fuertes, cargó con
mucho cuidado al hombre encima de su lomo, lo sujetó bien y
emprendió entonces el viaje.

La tortuga caminó, caminó y caminó de día y de noche.
Atravesó montes, campos, cruzó nadando ríos muy anchos,
siempre con el hombre moribundo encima. Caminaba unas ocho

---

1. **enredadera** : planta de tallo largo y delgado que se arrolla a los
   objetos que encuentra en su crecimiento.

Cuentos de la selva

o diez horas, se paraba, deshacía los nudos y apoyaba al hombre en el suelo con mucho cuidado.

Iba entonces a buscar agua y raíces tiernas y se las daba al hombre enfermo. Ella comía también, aunque estaba tan cansada que prefería dormir.

A veces tenía que caminar al sol y, como era verano y hacía tanto calor, el cazador deliraba por la fiebre y gritaba: «¡agua!, ¡agua!» Y la tortuga le daba de beber.

Así anduvo días y días, semana tras semana. Cada vez estaban más cerca de Buenos Aires, pero la tortuga estaba muy débil, cada día tenía menos fuerza. El hombre repetía en voz alta:

—Voy a morir, estoy cada vez más enfermo y sólo en Buenos Aires me puedo curar. Pero voy a morir aquí, solo, en el monte.

Él creía que estaba aún en el campo, porque no se daba cuenta de nada. La tortuga, después de descansar, se levantaba y emprendía de nuevo el camino.

Pero llegó un día, un atardecer, en que la pobre tortuga no pudo más. Había llegado al límite de sus fuerzas y no podía más.

Al anochecer, vio una luz lejana en el horizonte, un brillo muy intenso que iluminaba el cielo y no supo qué era. Se sentía cada vez más débil y cerró entonces los ojos para morir junto con el cazador, pensando con tristeza que no había podido salvar al hombre que había sido bueno con ella. Y, sin embargo, estaba ya en Buenos Aires y ella no lo sabía. Aquella luz que veía en el cielo era el resplandor de la ciudad e iba a morir cuando estaba ya al final de su heroico viaje.

Pero un ratón de la ciudad encontró a los dos viajeros moribundos.

—¡Qué tortuga! —dijo el ratón—. Nunca he visto una tortuga tan grande. ¿Y eso que llevas en el lomo, qué es? ¿Leña?

La tortuga gigante

—No —le respondió con tristeza la tortuga—. Es un hombre.

—¿Y adónde vas con ese hombre? —añadió el curioso ratón.

—Voy... voy... Quería ir a Buenos Aires —respondió la pobre tortuga en voz baja—. Pero vamos a morir aquí porque nunca llegaré...

—¡Ah, tonta, tonta! —dijo riéndose el ratoncito—. ¡Nunca he visto una tortuga más tonta! ¡Si ya has llegado a Buenos Aires! Esa luz que ves allá es Buenos Aires.

Al oír esto, la tortuga se sintió con una fuerza inmensa, porque aún tenía tiempo de salvar al cazador, y emprendió la marcha.

A la madrugada, el director del Jardín Zoológico vio llegar a una tortuga llena de barro [1] y muy flaca que traía en su lomo, y atado [2] con enredaderas, a un hombre que se estaba muriendo. El director reconoció a su amigo y él mismo fue corriendo a buscar medicinas, con las que el cazador se curó enseguida.

Cuando el cazador supo lo que la tortuga había hecho por él, no quiso separarse más de ella. Y como no podía tenerla en su casa, que era muy pequeña, el director del Zoológico se comprometió a tenerla en el Jardín y a cuidarla como a una hija.

Y así pasó. La tortuga, feliz y contenta con el cariño que le tienen, pasea por todo el Jardín Zoológico y es la misma gran tortuga que vemos todos los días comiendo hierba alrededor de las jaulas de los monos.

---

1. **barro** : mezcla de tierra y agua.
2. **atar** : unir, juntar o sujetar con ligadura o nudo.

Comprensión lectora y auditiva

1 **Algunas de estas afirmaciones son incorrectas. Marca con una ✗ las correctas, corrige las incorrectas y justifica tu respuesta.**

		V	F
1	El cazador pensaba que sólo en el bosque podía curarse.	☐	☐
2	La tortuga no sabía nadar.	☐	☐
3	La tortuga caminó hasta Buenos Aires sin parar.	☐	☐
4	El viaje duró tres semanas.	☐	☐
5	La tortuga se quedó a vivir en el Jardín Zoológico de la ciudad.	☐	☐

2 **Escucha el diálogo entre estos personajes. ¿Quiénes son? Completa el texto con lo que dicen.**

Los personajes que dialogan son: (**1**) ....
(**2**) .... se sorprende por (**3**) ....
.... lleva a un hombre hacia la ciudad para
(**4**) .... Según el (**5**) .... , los hombres
no merecen su ayuda porque (**6**) ....
.... Pero la (**7**) .... no todos los
hombres (**8**) .... y que (**9**) ....
había salvado (**10**) ....

Gramática

Pretérito indefinido – Verbos regulares

	Caminar	Comer	Salir
Yo	camin -é	com -í	sal -í
Tú	camin -aste	com -iste	sal -iste
Él, ella, usted	camin -ó	com -ió	sal -ió
Nosotros/as	camin -amos	com -imos	sal -imos
Vosotros/as	camin -asteis	com -isteis	sal -isteis
Ellos, ellas, ustedes	camin -aron	com -ieron	sal -ieron

1 Lee el siguiente texto y complétalo con los verbos que encuentras a continuación: *nació, hizo* (2 veces), *construyó, fueron, dirigió* (2 veces), *dio, implementó, pasó, convirtieron, comenzó, destinó, eliminaron, mandó.*

El Zoológico de Buenos Aires

El 30 de octubre de 1888, por Ordenanza Municipal, **(1)** .... el Zoológico de Buenos Aires.

Su primer Director, Eduardo Ladislao Holmberg, un médico con inclinaciones naturalistas, **(2)** .... el Jardín Zoológico porteño durante 15 años.

Él **(3)** .... casi todos los recintos y lo **(4)** .... con la intención de crear un paseo para la gente: **(5)** .... entonces grandes extensiones de parque para las personas y poco espacio para los animales, razón por la cual los recintos parecían cárceles.

Por otro lado pensaba que los edificios donde estaban los animales, debían responder arquitectónicamente al país de origen de los mismos y **(6)** .... construir edificios tal bellos que **(7)** .... declarados «Monumentos Históricos». En 1904, y durante dos décadas, **(8)** .... el Zoo Clemente Onelli, un italiano que le **(9)** .... jerarquía científica a dicho paseo y un sentido sobre todo didáctico, a través de carteles indicadores y guías.

Él **(10)** .... paseos en elefante, en camello, en ponys y esto **(11)** .... aumentar el número de visitantes durante su gestión. En 1991 **(12)** .... a manos privadas y, a partir de allí, **(13)** .... la remodelación del mismo, con un cambio sustancial de concepto: se **(14)** .... las rejas y se **(15)** .... las jaulas en ambientes sustitutos.

2 Ahora escribe el infinitivo de los verbos con los que has completado el texto.

3 Entre los verbos del texto hay algunos irregulares. ¿Cuáles son?

Expresión oral y escrita

1 Observa y describe estas fotos.

¿Qué impresión te causan? ¿Por qué?

2 Lee estas preguntas y reflexiona. Luego comenta tus ideas con tus compañeros.

¿Te gustan los zoológicos? ¿Has ido alguna vez a uno? Si aún no has ido, ¿te gustaría hacerlo? En tu ciudad o en la ciudad donde vives ¿hay zoo? ¿Te gustan los acuarios? ¿Conoces algún zoológico de animales en libertad? ¿Crees que el zoológico o el acuario son una buena solución para poder ver animales que se ven solo en los libros o en los documentales? ¿O es mejor ir a conocerlos a sus países de origen? ¿Te parece cruel alejar a los animales de su hábitat o crees que puede servir para la investigación científica? ¿No es también una crueldad tener animales en casa? ¿Crees que los zoo tienen que seguir existiendo o los eliminarías?

3 Ahora escribe las respuestas en tu cuaderno.

Misiones:
las reducciones jesuíticas

En Misiones se encuentran restos de las reducciones jesuíticas guaraníes, fundadas por la Compañía de Jesús, donde la cultura indígena se unió pacíficamente con la europea.

Los indios guaraníes y otros pueblos se juntaron en grupos y adoptaron, además de las enseñanzas del Evangelio, hábitos de trabajo y una organización social.

Pero pronto los «bandeirantes» (habitantes de San Pablo, en Brasil), que tenían como objetivo capturar indígenas y venderlos como esclavos, comenzaron a atacar muchas poblaciones y, entre 1627 y 1631, vendieron unos 60 000 indios.

La Misión de Santa Ana.

Organización política

El monarca español era la autoridad máxima y ejercía su poder en América por medio de las *Reales Audiencias de Lima y Buenos Aires.*

En cada reducción había un *Cabildo*, es decir, un gobierno local con un *corregidor*, que era, además, la autoridad principal del pueblo.

Otras autoridades eran los *alcaldes*, que velaban por las buenas costumbres, castigaban a los que no trabajaban, a los vagabundos, y vigilaban a los que no cumplían sus deberes. La *veedora* era la encargada de vigilar a las mujeres; los *celadores* controlaban a los niños y las *inspectoras*, a las niñas.

Los *regidores* eran los encargados de controlar la limpieza en los lugares públicos y privados y controlaban también si los niños iban a la escuela. El *alguacil* era el que se encargaba de la justicia y de hacer cumplir las órdenes del Cabildo.

Organización religiosa

Los *curas* [1] administraban los bienes de los habitantes e intervenían en la actividad espiritual, económica, cultural, social y militar.

En lo espiritual, los curas misioneros se preocupaban especialmente de la enseñanza del catecismo. Los jóvenes que habían superado la edad escolar y trabajaban en cualquier actividad, por las tardes, al escuchar el sonido de la campana, debían ir a la iglesia. Todos los fieles iban a misa, el acto religioso más importante que se celebraba en las iglesias, ubicadas en las plazas.

---

1. **cura** : sacerdote católico.

Misión jesuítica, dibujo de Florián Paucke, siglo XVIII.

Organización económica

Los guaraníes cultivaban la batata y la mandioca. Eran cazadores y pescadores. Sin embargo, los padres jesuitas implementaron un sistema económico agrícola que los aborígenes asimilaron rápidamente: cada reducción formó una unidad económica independiente. Esto favoreció un intenso tráfico entre ellas y promovió la integración económica, social y política.

Existía la propiedad privada y la propiedad colectiva. Cada jefe de familia disponía de una chacra [1], donde sembraba todo lo necesario para el sustento anual familiar. Pero también existían dos campos de propiedad colectiva, donde todos cultivaban algodón, trigo y legumbres.

1. **chacra** : terreno, campo.

Organización educativa

Los jesuitas fundaron escuelas y centros de formación de distintos niveles.

En todas las reducciones funcionaban colegios primarios, donde los niños de seis a doce años aprendían a leer, a escribir y a hacer operaciones matemáticas elementales. Las niñas de la misma edad asistían a escuelas separadas donde aprendían a hilar, a cocinar, a escribir y a leer.

Los jesuitas hablaban correctamente el guaraní, pero enseñaban a los indios el castellano para lograr la unidad lingüística en todos los dominios españoles.

La Misión de San Ignacio.

La música y el canto eran importantes: cada pueblo tenía un coro y una orquesta musical. También dedicaban tiempo y esfuerzo a la danza. Todas estas actividades eran las principales diversiones en los días de fiesta.

Las reducciones contaron con una imprenta, donde se publicó el primer libro en el año 1700. La producción bibliográfica fue muy rica y aún se conserva la mayoría de los libros.

Entre las reducciones más famosas, hay que recordar la de Nuestra Señora de Loreto, ubicada a unos 50 km de la ciudad de Posadas. Era uno de los pueblos jesuíticos de mayor importancia.

A 40 km de la ciudad de Posadas están las ruinas de Santa Ana, declaradas Patrimonio Mundial por la Unesco en 1984. Aún se conservan viviendas, talleres, el cementerio y la iglesia de la Plaza Central. También son muy famosas las ruinas de San Ignacio, a 60 km de la ciudad de Posadas, que se mantien en muy buen estado debido al constante mantenimiento.

Comprensión lectora

1 Responde a las siguientes preguntas.

1   ¿Con qué objetivo los Jesuitas fundaron las reducciones en Misiones?
2   ¿En manos de quién estaba el máximo poder?
3   ¿Cuál era la función de los curas?
4   ¿Cómo estaba organizada la economía en las reducciones?
5   ¿De qué vivían sus habitantes?
6   ¿Por qué fue importante el aporte de los Jesuitas en el campo de la educación?

2 Marca con una ✗ si estas afirmaciones son verdaderas (V) o falsas (F). Justifica tus respuestas.

	V	F
1 Los Jesuitas llegaron a Misiones para capturar a los indios guaraníes y venderlos como esclavos.	☐	☐
2 Las reducciones no tenían ninguna relación con la monarquía española.	☐	☐
3 Cada familia tenía sus tierras donde cultivaban lo necesario para vivir.	☐	☐
4 En las reducciones existían colegios mixtos.	☐	☐
5 Los habitantes de las reducciones celebraban sus días festivos cantando y bailando.	☐	☐
6 Afortunadamente aún se conservan casi todos los documentos escritos de la época.	☐	☐

 PROYECTO **INTERNET**

De viaje por Misiones

Sigue estas instrucciones para conectarte con el sitio correcto. Entra en internet y ve al sitio www.blackcat-cideb.com. Escribe el título o parte del título del libro en nuestro buscador.

Abre la página de *Cuentos de la selva*. Pulsa en el icono del proyecto. Da una ojeada a la página hasta llegar al título de este libro y conéctate con los sitios que te proponemos.

Responde a las siguientes preguntas.

1 ¿Dónde se encuentra la provincia de Misiones?
2 Junto con las provincias de Entre Ríos y Corrientes forma la llamada Región Mesopotámica. ¿Imaginas por qué?
3 ¿Su territorio es propicio para la agricultura? ¿Por qué?
4 En Misiones llueve mucho, la temperatura no baja de los 12 grados en invierno y tiene una media de 30 grados en verano. ¿Cómo se llama este clima?
5 ¿Cuáles son los animales característicos de la zona? ¿Viven también en tu país?

La gamita ciega

Antes de leer

1 Asocia las definiciones a las fotos.

A	mosquita	B	garza	C	yacaré	D	gama

E	víbora	F	avispa	G	oso hormiguero	H	tábano

1 Caimán de color verde oscuro que vive en pantanos y ríos de América del Sur.

2 Serpiente venenosa que habita en regiones cálidas.

3 Mamífero de la familia de los cérvidos, de pelaje rojizo y cola larga.

4 Insecto de la familia de la mosca, pero más pequeño.

5 Insecto parecido a la mosca, pero más grande. El macho vive de los jugos de las flores, la hembra se alimenta de la sangre de los animales.

6 Insecto de cuerpo amarillo y negro que produce picaduras muy dolorosas.

7 Mamífero sin dientes, de color gris, cola larga y una lengua muy pegajosa que usa para alimentarse de hormigas. Vive en bosques y llanuras tropicales de América del Sur.

8 Ave de cuello largo y flexible y pico largo y puntiagudo. Vive en pantanos y en las orillas de los lagos y ríos. Tiene un mechón de plumas en la nuca.

Primera parte

Había una vez una gama que tenía una hija un poco desobediente.

Por eso su madre le hacía repetir todas la mañanas, al amanecer, la oración de los venados[1]. Y dice así:

> I
>
> *Primero hay que oler bien las hojas antes de comerlas porque algunas son venenosas.*
>
> II
>
> *Hay que mirar bien el río y quedarse quieto antes de bajar a beber para estar seguro de que no hay yacarés.*
>
> III
>
> *Cada media hora, hay que levantar la cabeza y oler el viento para sentir el olor del tigre.*
>
> IV
>
> *Cuando se come hierba del suelo, hay que mirar siempre con mucha atención para ver si hay víboras.*

1. **venado** : ciervo.

Cuentos de la selva

Estas son las reglas de los venados pequeños. Por suerte la gamita aprendió bien la lección, así que su madre la dejó andar sola.

Una tarde, sin embargo [1], mientras la gamita paseaba por el monte comiendo las hojitas tiernas, vio delante de ella, en un árbol, muchas bolitas de color oscuro que colgaban. Tenían un color muy oscuro.

¿Qué será? Ella tenía un poco de miedo, pero como era muy desobediente, las tocó con la cabeza y se fue corriendo.

Vio entonces que las bolitas se habían abierto y que caían gotas. Habían salido también muchas mosquitas rubias que caminaban deprisa por encima.

La gamita se acercó y las mosquitas no la picaron. Lentamente, entonces, muy lentamente, probó una gota con la punta de la lengua, y ¡qué placer!, ¡era miel!, ¡miel riquísima! Había encontrado una colmena de abejitas que no picaban porque no tenían aguijón. Hay abejas así.

En dos minutos la gamita se tomó toda la miel y, loca de contenta, fue a contarle a su mamá. Pero la mamá se enfadó con ella:

—Ten mucho cuidado, hija —le dijo—, con los nidos de abejas. La miel es una cosa muy rica, pero es muy peligroso ir a sacarla. Nunca te acerques a los nidos que veas.

La gamita gritó contenta:

—¡Pero no pican, mamá! Los tábanos sí pican; las abejas, no.

—Estás equivocada, hija —continuó la madre—. Hoy has tenido suerte, nada más. Hay abejas y avispas muy malas. Cuidado, hija, porque me vas a dar un gran disgusto.

---

1. **sin embargo** : no obstante.

Cuentos de la selva

—¡Sí, mamá! ¡Sí, mamá! —respondió la gamita.

Pero la mañana siguiente fue a buscar otros nidos de abejas. Buscó y buscó hasta que, por fin, encontró uno donde había abejas oscuras, con una raya amarilla en la cintura. Ellas caminaban por encima del nido, que también era distinto, pero la gamita pensó que, como estas abejas eran más grandes, la miel debía ser más rica.

Se acordó de la recomendación de su mamá, pero pensó que ella exageraba un poco, así que dio un gran golpe al nido.

¡Qué desastre! Salieron enseguida muchísimas avispas y la picaron en todo el cuerpo, en la cabeza, en la panza, en la cola y, lo que es mucho peor, en los ojos. La picaron más de diez en los ojos.

La gamita, loca de dolor, corrió y corrió gritando hasta que de repente tuvo que pararse porque no veía más: estaba ciega, totalmente ciega. Los ojos se le habían hinchado [1] mucho y no veía nada. Se quedó quieta, entonces, temblando de dolor y de miedo, y se echó a llorar desesperadamente.

—¡Mamá!... ¡Mamá!...

Como tardaba mucho, su madre salió a buscarla y cuando la encontró se desesperó al ver que su hija estaba ciega. Luego la llevó despacito hasta su cueva pero no sabía qué hacer. ¿Qué medicinas podía prepararle? Ella sabía bien que en el pueblo que estaba del otro lado del monte vivía un hombre que tenía medicinas. Era un cazador y cazaba también venados, pero era un hombre bueno. Como estaba desesperada, decidió ir a verlo. Pero antes fue a pedir una carta de recomendación a un gran amigo del cazador, el oso hormiguero.

---

1. **hinchar** : aumentar de volumen.

54

Comprensión lectora y auditiva

1 Hay muchas expresiones que sirven para unir las partes de una frase o una frase con otra. Lee estas secuencias y complétalas con las expresiones del recuadro.

por ejemplo	como	la	había una vez	le	sin embargo	ella
le	pero	la	donde	ese hombre	por eso	la hija	lo

(1) .... una gamita un poco desobediente.

(2) .... su madre siempre (3) ....
daba algunas recomendaciones.

(4) ...., no tenía que meterse en el río sin saber si
había o no yacarés; no debía comer hierba sin controlar si había o no
alguna víbora cerca o si era venenosa, etc.

(5) .... la mamá entendió que (6) ....
había aprendido bien la lección, (7) .... dejó ir a
pasear solita.

Un día, (8) ...., mientras paseaba por el monte,
la gamita vio una colmena y se tomó toda la miel. Cuando
(9) .... supo su mamá, se enfadó mucho con
(10) .... y (11) .... explicó que ir a
sacar la miel era muy peligroso porque algunas abejas pican.

(12) .... la mañana siguiente, la pequeña gama volvió
a buscar otros nidos de abejas. Y esta vez la picaron en el cuerpo y en
los ojos y (13) .... dejaron ciega.

Cuando su madre la vio, decidió ir al pueblo más cercano
(14) .... vivía un cazador que tenía medicinas.

Pero antes prefirió ir a hablar con el oso hormiguero que era un gran
amigo de (15) ....

2 Escucha las recomendaciones que la gama le da a su hija y toma nota. Puedes usar las expresiones que te sugerimos.

Debe ....

Tiene que ....

Hay que ....

Es necesario ....

Ortografía

1 Une las sílabas, forma las palabras que corresponden a las definiciones y escríbelas. ¿Qué característica tienen en común? Con las sílabas que te sobren podrás formar cinco palabras más. ¿Cuáles?

ro	na	lo	ba	hi	ja	so
bre	hue	ria	hor	mo	gue	ho
has	za	ha	cer	hay	hue	hom
hi	hier	hu	mi	ta	ja	ho
co	hue	vo				

1 En primavera es verde y en otoño se vuelve marrón, ¡pero también puede ser blanca o de cualquier otro color! ....
2 Cuando hay mucha se forma un jardín. ....
3 Es mujer y lo es de un padre y una madre. ....
4 No es mujer. ....
5 Es una cavidad. ....
6 Si está al lado de *oso* es un animal. ....
7 Si no es *desde* es ....
8 Infinitivo de *hecho*. ....
9 Es una forma impersonal del verbo *haber*. ....

....

Expresión oral y escrita

1 Comenta con tus compañeros.

1 ¿Por qué crees que la gama prefirió ir a hablar antes con el oso hormiguero?
2 ¿Crees que el oso hormiguero la va a ayudar? ¿Y el cazador?
3 ¿Piensas que la gamita podrá recuperar la vista?

2 Ahora imagina que eres el oso hormiguero. Escribe una carta a tu amigo el cazador, cuéntale lo que le ha pasado a la gamita desobediente y pídele que haga todo lo posible para curarla.

Misiones, ... de .... de ....

Querido amigo:

¿Qué tal estás? Sé que hace tiempo que no voy a visitarte, pero es que aquí hay una invasión de hormigas y tengo muchísimo trabajo. Tú sabrás entenderme, ¿verdad?

Mira, tengo que .... Esta mañana

....

....

....

....

Bueno, ojalá puedas ayudarla porque es encantadora. Ya verás.

Te mando un abrazo y espero verte pronto,

Oso Hormiguero

Léxico

1 Sustituye las expresiones en negrita por otras sinónimas que encontrarás en el texto.

1 La gamita encontró una colmena llena de miel y **muy contenta** fue a contarle a su mamá. ....

2 Buscó y buscó hasta que **después de tanto buscar**, encontró otro nido de abejas. ....

3 La abejita dio un golpe al nido y **provocó una calamidad**: salieron un montón de avispas y la picaron en todo el cuerpo.
....

4 La gamita, **muy dolorida**, corrió gritando hasta que se quedó ciega.
....

5 Como le dolía mucho y tenía mucho miedo, la abejita **comenzó a llorar**. ....

Segunda parte

Atravesó corriendo el monte y llegó a la cueva del oso  hormiguero. Este amigo era de una especie pequeña, de color amarillo y, por encima del color amarillo, una especie de camiseta negra sujeta por dos breteles que pasan por encima de los hombros. Los osos hormigueros tienen también la cola prensil porque viven siempre en los árboles y se cuelgan de la cola.

    ¿Cómo es que el oso hormiguero y el cazador son amigos? Nadie lo sabía en el monte; pero alguna vez lo sabremos.

    La pobre madre, muy cansada, llamó:

    —¡Tan!, ¡tan!, ¡tan!

    —¿Quién es? —respondió el oso hormiguero.

    —¡Soy yo, la gama!

    —¡Ah, bueno! ¿Qué quiere la gama?

    —Vengo a pedirle una tarjeta de recomendación para el cazador. La gamita, mi hija, está ciega.

    —¡Ah!, ¿la gamita? —le respondió el oso hormiguero—. Es una

La gamita ciega

buena persona, así que la ayudaré. No necesita nada escrito...
Muéstrele esto y la recibirá.

Y, con el extremo de la cola, el oso hormiguero le extendió a la
gama una cabeza de víbora, completamente seca.

—Muéstrele esto —dijo—. No va a necesitar nada más.

—¡Gracias, oso hormiguero! —respondió contenta la gama—.
Usted también es una buena persona.

Y salió corriendo porque era muy tarde. Recogió a su hija y
juntas llegaron por fin a la puerta de la casa del cazador.

—¡Tan!, ¡tan!, ¡tan! —golpearon.

—¿Qué hay? —respondió una voz de hombre.

—¡Somos las gamas!... ¡Tenemos la cabeza de víbora!

La madre dijo eso para demostrarle al hombre que ellas eran
amigas del oso hormiguero.

—¡Ah, ah! —dijo el hombre, y abrió la puerta—. ¿Qué pasa?

—Venimos para que cure a mi hija, la gamita, que está ciega.

Y contó al cazador toda la historia de las abejas.

—¡Hum!... Vamos a ver qué tiene esta señorita —dijo el
cazador.

Le examinó los ojos, bien de cerca con un vidrio [1] redondo muy
grande, mientras la mamá observaba todo atentamente.

—Esto no es gran cosa —dijo por fin el cazador—. Pero hay
que tener mucha paciencia. Póngale esta pomada en los ojos
todas las noches y téngala veinte días en la oscuridad. Después
póngale estos lentes [2] amarillos y se curará.

—¡Muchas gracias, cazador! —respondió la madre, muy
contenta y agradecida—. ¿Cuánto le debo?

—No es nada —respondió sonriendo el cazador.

---

1. **vidrio** : cristal.   2. **lentes** : gafas.

Cuentos de la selva

Poco tiempo después, tal como lo había dicho el cazador, la gamita se curó. Fue muy difícil tenerla encerrada en el hueco de un gran árbol durante veinte días interminables. Adentro no se veía nada. Por fin, una mañana, la madre quitó con la cabeza el gran montón de ramas que había puesto para tapar la entrada de la luz y la gamita, con sus lentes amarillos, salió corriendo y gritando:

—¡Veo, mamá! ¡Ya veo todo!

La madre lloraba de alegría al ver que su gamita podía ver y quería a toda costa pagarle al hombre, que había sido tan bueno con ella. Pero no sabía cómo.

Un día, mientras recorría la orilla de una laguna, encontró unas plumas de garza y las recogió para llevárselas al cazador.

Una noche de lluvia, mientras leía en su cuarto, muy tranquilo, el hombre oyó que llamaban. Abrió la puerta y vio a la gamita que tenía en su mano unas plumas de garza todas mojadas.

El cazador se puso a reír y la gamita, que creía que el cazador se reía de su pobre regalo, se fue muy triste. Buscó entonces plumas más grandes, bien secas y limpias, y una semana después volvió con ellas. Esta vez el hombre no se rio porque la gamita no comprendía que la risa era de cariño. Pero, en cambio, le regaló un tubo de tacuara[1] lleno de miel, que la gamita tomó loca de contenta.

Desde entonces la gamita y el cazador fueron grandes amigos. Ella siempre le llevaba plumas de garza, que son muy valiosas, y se quedaba muchas horas charlando con el hombre. El cazador, cuando caía la tarde, colocaba en la mesa un jarrito con miel y una servilleta. Y mientras tomaba café o leía, esperaba en la puerta el «tan tan» bien conocido de su amiga la gamita.

---

1. **tacuara** : planta cerealera que crece en Argentina y Bolivia.

Comprensión lectora y auditiva

1 Completa el texto con las palabras adecuadas.

La madre fue a hablar con el oso hormiguero para pedirle una
(**1**) .... de recomendación. Pero como no necesitaba
nada escrito, le dio solo una (**2**) .... completamente
seca.
La gama y su (**3**) .... llegaron a la casa del
(**4**) ...., le mostraron la cabeza de víbora y le
contaron todo lo que le había sucedido a la pequeña desobediente.
El cazador revisó atentamente a la (**5**) .... y dijo
que no era nada (**6**) .... : le recetó una
(**7**) .... que tenía que ponerse en los
(**8**) .... todas las noches y le dijo que debía
(**9**) .... en la oscuridad durante veinte días.
Poco tiempo después, la pequeña se (**10**) .... Y para
agradecer al hombre por su buena acción, la gamita le llevó unas
(**11**) .... muy bonitas y el cazador le regaló un tubo
de tacuara lleno de (**12**) .... riquísima.

🔊 15 **2** Escucha los diálogos. ¿Quiénes son los que hablan? ¿Con qué intención
lo hacen? Marca con una ✗.

	Gama	Gamita	Cazador
Contar			
Pedir información			
Agradecer			
Regañar			
Pedir perdón-justificarse			
Pedir-hacer un favor			
Describir			

Gramática

El futuro simple

El futuro simple se suele usar para hablar del futuro (qué pasará, qué haremos, etc). Se forma añadiendo los sufijos a los verbos en infinitivo. Observa los verbos regulares.

	Ayudar	Ser	Recibir
Yo	ayudar -é	ser -é	recibir -é
Tú	ayudar -ás	ser -ás	recibir -ás
Él, ella, usted	ayudar -á	ser -á	recibir -á
Nosotros/as	ayudar -emos	ser -emos	recibir -emos
Vosotros/as	ayudar -éis	ser -éis	recibir -éis
Ellos, ellas, ustedes	ayudar -án	ser -án	recibir -án

1 En la segunda parte del cuento hay un verbo en futuro simple que es irregular. ¿Cuál es? ¿Te animas a conjugarlo?

....

2 Completa las frases con el verbo adecuado, conjugado en futuro.

ir   ayudar   hablar   picar   dejar

desobedecer   saber   llevar   agradecer

1 Una vez a la semana, la gamita .... a la casa del cazador y le .... plumas de garza.

2 El cazador .... a la gamita cada vez que ella lo necesite.

3 La gama .... con el oso hormiguero y le .... por la cabeza de víbora.

4 Las abejas .... de nuevo a la gamita y la .... ciega si ella vuelve a acercarse a su nido.

5 La gamita no .... a su madre nunca más.

6 Algún día (nosotros) .... cómo es que el cazador y el oso hormiguero son amigos.

Expresión escrita y oral

1 Ahora imagina que eres el cazador. Escribe una carta de respuesta al oso hormiguero y cuéntale cómo ha ido todo. Luego dile que estás pensando en ir a visitarlo para pasar unas vacaciones en el monte.

El polvorín, ... de .... de ....

Querido Oso Hormiguero:

Veo que .... Claro que ....

....

Yo también tengo ....

¡Tenías razón sobre la gamita! Es ....

....

....

....

¡Y nos hemos hecho amigos! Ya ves, no tienes nada que agradecerme.

¡Ah! ¡Casi me olvido! El mes que viene ....

....

¿Qué te parece?

Te mando un fuerte abrazo, ¡hasta prontito!

Ladislao

2 Comenta con tus compañeros.

1 ¿Por qué crees que el cazador se puso a reír cuando vio a la gamita con las plumas todas mojadas?

2 Según tú, ¿por qué los dos se hicieron amigos?

3 ¿Crees que la gamita aprendió la lección?

4 ¿Alguna vez has desobedecido a tu madre o a tu padre? Coméntalo.

La guerra de los yacarés

Antes de leer

1 Estas son algunas palabras que encontrarás en el texto. Únelas con sus respectivas imágenes y definiciones.

quebracho   surubí   dique   buque   bote
acorazado   torpedo   lapacho

1 Pez de agua dulce, de boca grande rodeada de barbilla.

2 Barco grande con cubierta.

3 Proyectil, provisto de motor, que se lanza contra los barcos por debajo del agua.

4 Muro construido para contener la fuerza del agua o para impedir el avance de algo peligroso.

5 Embarcación pequeña y sin cubierta, movida con remos.

6 Árbol de América del Sur de gran altura y madera muy dura. Tiene hojas perennes y flores de color rosa y amarillo.

7 Árbol de América Meridional de madera fuerte y flores de color morado.

8 Buque de guerra blindado y muy grande.

Primera parte

En un río muy grande, en un país desierto donde nunca había  estado el hombre, vivían muchos yacarés. Eran más de cien o más de mil. Comían peces, bichos que iban a tomar agua al río, pero sobre todo peces. Dormían la siesta en la arena de la orilla y a veces jugaban sobre el agua cuando había noches de luna.

Todos vivían muy tranquilos y contentos. Pero una tarde, mientras dormían la siesta, un yacaré se despertó de golpe y levantó la cabeza: había oído un ruido muy fuerte y profundo. Entonces llamó al yacaré que dormía a su lado.

—¡Despiértate! —le dijo—. Hay peligro.

—¿Qué? —respondió el otro, alarmado.

—No sé —contestó el yacaré que se había despertado primero—. He oído un ruido desconocido.

El segundo yacaré oyó también el ruido y rápidamente despertaron a los otros. Todos se asustaron y empezaron a correr de un lado para otro con la cola levantada. ¡Y con razón!, porque el ruido crecía, crecía.

Pronto vieron a lo lejos una nubecita de humo.

Cuentos de la selva

Los yacarés se miraban unos a otros: ¿qué podía ser?

Pero un yacaré viejo y sabio, el más sabio y viejo de todos, que había hecho una vez un viaje hasta el mar, dijo de repente:

—¡Yo sé lo que es! ¡Es una ballena! ¡Son grandes, echan agua blanca por la nariz y esta cae para atrás!

Al oír esto, los yacarés pequeños comenzaron a gritar como locos de miedo:

—¡Es una ballena! ¡Ahí viene la ballena!

—¡Nada de miedo! —les gritó el viejo yacaré— ¡Yo sé cómo es la ballena! ¡Ella tiene miedo de nosotros! ¡Siempre tiene miedo!

Entonces se tranquilizaron, pero enseguida volvieron a asustarse porque el humo gris se transformó de repente en humo negro y todos oyeron bien fuerte ahora el ruido del agua. Los yacarés, espantados, se hundieron en el río dejando solamente fuera los ojos y la punta de la nariz. Y así vieron pasar delante de ellos aquella cosa inmensa llena de humo que golpeaba el agua: era un vapor de ruedas que navegaba por primera vez por aquel río.

El vapor pasó, se alejó y desapareció. Los yacarés entonces fueron saliendo del agua, muy enfadados con el viejo yacaré porque los había engañado diciéndoles que eso era una ballena.

—¡Eso no es una ballena! —le gritaron en las orejas, pues era un poco sordo—. ¿Qué es eso que pasó?

El viejo yacaré les explicó entonces que era un vapor lleno de fuego y que los yacarés se iban a morir todos si el buque seguía pasando. Pero los yacarés se echaron a reír porque creían que el viejo estaba loco. ¿Por qué se iban a morir ellos si el vapor seguía pasando? ¡Estaba bien loco el pobre yacaré viejo!

Y como tenían hambre, se pusieron a buscar peces.

Pero no había ni un pez. No encontraron ni un solo pez. Todos

Cuentos de la selva

se habían ido, asustados por el ruido del vapor. No había más peces.

—¿Y qué decía yo? —dijo entonces el viejo yacaré—. Ya no tenemos nada para comer. Todos los peces se han ido. Esperemos hasta mañana. Si el vapor no pasa más, los peces perderán el miedo y volverán.

Pero al día siguiente volvieron a oír el ruido en el agua y vieron pasar de nuevo el vapor, que largaba [1] un humo que oscurecía el cielo.

—Bueno —dijeron entonces los yacarés—, el buque pasó ayer, pasó hoy y pasará mañana. Ya no habrá más peces ni bichos y nos moriremos de hambre. ¿Por qué no hacemos un dique?

—¡Sí, un dique! ¡Un dique! —gritaron todos, nadando velozmente hacia la orilla.

Enseguida se pusieron a hacer el dique. Fueron todos al bosque y cortaron más de diez mil árboles, sobre todo lapachos y quebrachos, porque tienen la madera muy dura. Los cortaron con la cola, los empujaron hasta el agua y los pusieron en fila de una orilla a otra, a un metro de distancia uno del otro. Ningún buque podía pasar por allí, ni grande ni pequeño. Estaban seguros de que ya nadie iba a espantar [2] a los peces. Y como estaban muy cansados, se tumbaron a dormir en la playa.

---

1. **largar** : soltar, dejar libre algo, especialmente lo que es molesto, nocivo o peligroso.
2. **espantar** : causar miedo.

Comprensión lectora y auditiva

1 Ordena las partes de cada frase y luego pon en orden las secuencias.

a ☐ y todos/un ruido extraño/oyeron/Un día/se asustaron mucho

....

b ☐ un dique/el paso/los yacarés/para impedir/del buque/ decidieron construir/Entonces,

....

c ☐ muchos yacarés/En un río/vivían,/muy tranquilos,/muy grande

....

d ☐ era un vapor/Pero/de ruedas/y golpeaba/que echaba/el agua/humo

....

e ☐ una ballena/El yacaré sabio/que era/creía

....

f ☐ si ese barco/y los yacarés/de hambre/El yacaré sabio/ les explicó que,/se iban a escapar/seguía pasando,/los peces/se iban a morir

....

2 Escucha lo que dicen estos personajes del cuento. Marca con una **X** qué hace o siente cada uno.

	1	2	3	4
a Propone				
b Tranquiliza				
c Está sorprendido				
d Tiene miedo				

Gramática y ortografía

18 **1** Escucha y lee estas palabras. ¿Qué tienen en común?

Río, vivía, país, había, oído, podía, tenían, seguían, baúl, Raúl.

2 Ahora vuelve a escucharlas y subraya la vocal tónica.

Río, vivía, país, había, oído, podía, tenían, seguían baúl, Raúl.

¿Qué vocales has subrayado? ¿Abiertas (a, e, o) o cerradas (i, u)?
(**1**) ....
¿Al lado de qué tipo de vocal están las letras que has subrayado?
(**2**) ....
¿Dónde aparece siempre la tilde?(**3**) ....
¿Te animas a completar la regla?

Concurrencia vocálica
Cuando en una palabra concurren dos (**4**) ...., una
abierta y otra (**5**) .... tónica o una cerrada
(**6**) .... y otra abierta, la vocal (**7**) ....
siempre lleva (**8**) ....

19 **3** Ahora escucha y escribe estas palabras en tu cuaderno.

Léxico

1 Completa la tabla, donde sea posible, con la ayuda del diccionario.

Verbo	Sustantivo	Adjetivo	Adverbio
jugar			
		tranquilo	
	profundidad		
			peligrosamente
	fortaleza		
		rápido	
			lejos
	vejez		
enloquecer			

Expresión oral y escrita

1 Lee el siguiente texto y responde a las preguntas. Luego escribe en tu cuaderno un texto sobre el descanso.

Todos necesitamos dormir

Dormir es una de las actividades más democráticamente repartidas en todo el mundo. Más o menos todos los seres humanos duermen un tercio de su vida. Pero no es una actividad exclusiva de la humanidad: todos los animales lo hacen del mismo modo, sistemáticamente, y con un promedio de horas que se repite por especie. Los caballos dejan de galopar para echarse una siesta de solo tres horas, que les rendirá 21 horas de vigilia; en cambio, los murciélagos –en la punta de la tabla de dormilones– duermen unas 20 horas y usan las cuatro restantes para revolotear y cazar rápidamente su alimento. El hombre,

en cambio, necesita ocho horas de descanso.

En fin, todos necesitamos dormir, pero no se sabe con certeza aún para qué sirve esta actividad, que, además, muchas veces se transforma en pesadilla.

(Texto adaptado)

1   ¿Por qué crees que un caballo duerme tres horas, un murciélago necesita veinte y el hombre ocho?

2   ¿Tienes mascotas en casa? ¿Cuánto duermen? ¿Cómo lo hacen? ¿Crees que tienen sueños?

3   ¿Qué opinas de la siesta? ¿Te gusta dormir la siesta? ¿Crees que hace bien? ¿Rindes más después de haber dormido un poco? ¿En tu familia alguien suele dormir la siesta? ¿De niño te obligaban a hacerlo?

Segunda parte

El día después dormían todavía cuando oyeron el chas-chas-
chas del vapor. Todos oyeron, pero ninguno se levantó ni abrió
los ojos. ¿Qué les importaba el buque? Por allí no iba a pasar.

En efecto: el vapor estaba muy lejos todavía cuando se
detuvo [1]. Los hombres que iban a bordo miraron con anteojos [2]
aquella cosa atravesada en el río que les impedía pasar y
mandaron un bote a ver qué era. Entonces los yacarés se
levantaron, fueron al dique y miraron por entre los palos.

El bote se acercó, vio el formidable dique que habían
levantado los yacarés y se volvió al vapor. Pero después volvió
otra vez al dique y los hombres del bote gritaron:

—¡Eh, yacarés!

—¡Qué hay! —respondieron los yacarés, sacando la cabeza por
entre los troncos del dique.

—¡Nos está molestando eso! —continuaron los hombres.

1. **detener** : interrumpir un movimiento.
2. **anteojos** :

La guerra de los yacarés

—¡Ya lo sabemos!

—¡No podemos pasar!

—¡Es lo que queremos!

—¡Saquen el dique!

—¡No lo sacamos!

Los hombres del bote hablaron un rato en voz baja entre ellos y gritaron después:

—¡Yacarés!

—¿Qué hay? —contestaron ellos.

—¿No lo sacan?

—¡No!

—¡Hasta mañana, entonces!

—¡Hasta mañana!

Y el bote volvió al vapor mientras los yacarés, locos de contentos, golpeaban el agua con la cola. Ningún vapor iba a pasar por allí y siempre, siempre, iba a haber peces.

Pero al día siguiente volvió el vapor y, cuando los yacarés vieron el buque, se quedaron mudos de miedo: ya no era el mismo buque. Era otro, un buque de color gris oscuro, mucho más grande que el anterior. ¿Qué nuevo vapor era ese? ¿Ese también quería pasar? No iba a pasar, no. ¡Ni ese, ni otro, ni ningún otro!

—¡No, no va a pasar! —gritaron los yacarés, lanzándose al dique, cada cual a su puesto entre los troncos.

El nuevo buque, como el otro, se detuvo lejos y de nuevo un bote se acercó al dique.

Dentro iban un oficial y algunos marineros. El oficial gritó:

—¡Eh, yacarés!

—¡Qué hay! —respondieron estos.

—¿No sacan el dique?

—No.

—¿No?

—¡No!

—Está bien —dijo el oficial—. Entonces lo vamos a destruir a cañonazos [1].

—¡Adelante! —contestaron los yacarés.

Y el bote regresó al buque.

Ahora bien, ese era un buque de guerra, un acorazado con terribles cañones. El viejo yacaré sabio que había ido una vez hasta el mar, se acordó y gritó a los otros yacarés:

—¡Escóndanse bajo el agua! ¡Rápido! ¡Es un buque de guerra! ¡Cuidado! ¡Escóndanse!

Los yacarés desaparecieron en un instante bajo el agua y nadaron hacia la orilla. En ese mismo momento, del buque salió una gran nube blanca de humo, se oyó un terrible ruido y una enorme bala de cañón cayó justo en el medio del dique. Enseguida cayó otra bala y otra y otra más, y no quedó nada del dique. Ni un tronco.

El acorazado había deshecho todo a cañonazos.

Entonces los yacarés salieron del agua y dijeron:

—Hagamos otro dique mucho más grande que el otro.

Y esa misma tarde comenzaron a hacer otro dique con troncos inmensos. Después, cansadísimos, se acostaron a dormir, pero al día siguiente el buque de guerra llegó otra vez y el bote se acercó al dique.

—¡Eh, yacarés! —gritó el oficial.

—¡Qué hay! —respondieron los yacarés.

—¡Saquen ese otro dique!

---

1. **cañonazo** : disparo de cañón.

Cuentos de la selva

—¡No lo sacamos!

—¡Lo vamos a deshacer a cañonazos como al otro!

—¡A ver si pueden!

Y hablaban así con orgullo porque estaban seguros de que su nuevo dique era indestructible.

Pero un rato después el buque volvió a llenarse de humo, y dos balas reventaron en el medio del dique y lo hicieron volar por el aire. Y no quedó nada, nada, nada del dique. El buque de guerra pasó entonces delante de los yacarés y los hombres les hacían burlas, tapándose la boca.

—Bueno —dijeron entonces los yacarés, saliendo del agua—. Vamos a morir todos, porque el buque va a pasar siempre y los peces no volverán.

Y estaban tristes; los yacarés pequeños tenían hambre.

El viejo yacaré dijo entonces:

—Todavía tenemos una esperanza de salvarnos. Vamos a ver al surubí. Yo hice el viaje con él cuando fui hasta el mar, y tiene un torpedo. Él vio un combate entre dos buques de guerra y trajo hasta aquí un torpedo que no explotó. Vamos a pedírselo y aunque está muy enfadado con nosotros los yacarés, tiene buen corazón y seguro que nos ayudará.

El hecho es que antes, muchos años antes, los yacarés se habían comido a un sobrinito del surubí, y éste no había querido tener más relaciones con los yacarés. Pero, a pesar de todo, fueron corriendo a ver al surubí, que vivía en una gruta [1] grandísima a orillas del río Paraná y que dormía siempre al lado de su torpedo. Hay surubíes que tienen hasta dos metros de largo y el dueño del torpedo era uno de esos.

---

1. **gruta** : cueva natural que se forma en las rocas.

Comprensión lectora y auditiva

1 Completa el texto con las palabras del recuadro y ordena las secuencias.

> dique buque surubí troncos peces agua hombres (x2) cañones

a ☐ Entonces salieron del agua y empezaron a construir otro dique, esta vez con (**1**) .... inmensos.

b ☐ Al día siguiente volvieron, pero esta vez con un buque más grande, un acorazado con potentes (**2**) ....

c ☐ El (**3**) .... se acercó, pero cuando los (**4**) .... vieron el inmenso (**5**) .... que los yacarés habían construido, se alejaron.

d ☐ Los yacarés estaban tan desesperados porque no había más (**6**) .... para comer que el viejo y sabio yacaré pensó en pedirle ayuda al (**7**) ....

e ☐ Pero fue inútil, porque los (**8**) .... lo destruyeron nuevamente.

f ☐ Apenas lo vieron, los yacarés se escondieron bajo el (**9**) .... y en ese mismo momento el acorazado destruyó el dique a cañonazos.

2 Escucha. ¿Qué personaje está hablando? Marca con una **X**.

	1	2	3	4
a Los hombres del buque	☐	☐	☐	☐
b Los yacarés	☐	☐	☐	☐

3 Vuelve a escuchar y asocia lo que dicen los personajes con las respectivas respuestas.

a ☐ No, le pediremos ayuda al Surubí.

b ☐ ¡No servirá para nada! ¡Destruiremos también ese dique!

c ☐ ¡Ah! ¡Tienen miedo! ¡Ahí va un cañonazo!

d ☐ ¡Es justamente lo que queremos!

Gramática

Pronombres y adjetivos indefinidos

Los pronombres y adjetivos indefinidos sirven para hablar de la existencia o no de alguien o de algo.

Pronombres indefinidos

Afirmativo		Negativo
Singular	Plural	Singular
alguno, alguna	algunos, algunas	ninguno, ninguna

Persona	Cosa	Persona	Cosa
alguien	algo	nadie	nada

Recuerda: los pronombres que se refieren exclusivamente a personas o a cosas son invariables.

*¡Que no pase **nadie**!*   *Conozco a **alguien** que podrá ayudarnos.*

Adjetivos indefinidos

Afirmativo		Negativo
Singular	Plural	Singular
algún, alguna	algunos, algunas	ningún, ninguna

Sirven para referirse a personas y a cosas. *Alguno* y *ninguno* pierden la o cuando van seguidos de un sustantivo masculino singular y van con tilde en la u: **algún, ningún**.

***Ningún** vapor iba a pasar por allí.*
***Algunos** yacarés se escondieron bajo el agua.*

1 Completa las frases con los indefinidos correspondientes.

1 Tengo hambre, ¿hay .... en la nevera? No, no hay ....

2 ¿Hay .... en casa? Sí, ven, estoy en la habitación.

3 ¿Tienes .... libro de historia? No, no tengo ...., no me gusta la historia.

4 .... personas son vegetarianas.

5 ¿Sabes si en el cine dan .... peli cómica? No sé, pero creo que no.

6 Todavía no he leído .... libro de García Márquez.

7 ¡Hay .... aquí que nos está estorbando!

8 El torpedo estalló y no quedó .... del buque.

Léxico

1 **Busca en la segunda parte del cuento las expresiones que corresponden a las partes en negrita en las siguientes frases.**

1 Los yacarés estaban **contentísimos** porque los hombres habían vuelto al buque.

....

2 Los yacarés **tenían tanto miedo que no podían hablar.**

....

3 El surubí **es muy bueno** y nos va a ayudar.

....

Expresión oral y escrita

1 **Comenta con tus compañeros y luego escribe las respuestas.**

1 ¿Crees que el surubí los ayudará?

2 ¿Por qué crees que el surubí no quiere saber nada con los yacarés?

3 ¿Alguna vez un amigo te ha ofendido mucho? ¿Recuerdas tu reacción?

4 Imagina que estás peleado con un chico que ahora tiene un problema. ¿Lo ayudarías? ¿Por qué?

2 **Ahora intenta adivinar cómo termina la historia teniendo en cuenta el título del cuento. Estas preguntas te ayudarán.**

¿Quiénes participan en la guerra? ¿Por qué y dónde estalla la guerra? ¿Qué medios utilizan para el combate? ¿Se crean alianzas? ¿Quién gana la guerra?

Tercera parte

—¡Eh, Surubí! —gritaron todos los yacarés desde la entrada de la
gruta, sin atreverse a entrar, por aquel problema del sobrinito.

—¿Quién me llama? —contestó el surubí.

—¡Somos nosotros, los yacarés!

—No tengo ni quiero tener relación con ustedes —respondió el
surubí, de mal humor.

Entonces el viejo yacaré se adelantó y dijo:

—¡Soy yo, Surubí! ¡Soy tu amigo! ¡El yacaré que hizo contigo el
viaje hasta el mar!

Al oír esa voz conocida, el surubí salió de la gruta.

—¡Ah, no te había reconocido! —le dijo cariñosamente a su
viejo amigo—. ¿Qué quieres?

—Venimos a pedirte el torpedo. Hay un buque de guerra
que pasa por nuestro río y asusta a los peces. Es un buque de
guerra, un acorazado. Hicimos un dique y lo destruyó. Hicimos
otro y lo destruyó también. Los peces se han ido y nos
moriremos de hambre. Danos el torpedo y lo destruiremos a él.

La guerra de los yacarés

El surubí, al oír esto, pensó un largo rato y después dijo:

—Está bien; les prestaré el torpedo, aunque me acuerdo siempre de lo que hicieron con el hijo de mi hermano. ¿Quién sabe hacer explotar el torpedo?

Ninguno sabía y todos se quedaron en silencio.

—Está bien —dijo el surubí, con orgullo—. Yo lo haré explotar. Yo sé hacer eso.

Organizaron, entonces, el viaje. Los yacarés se unieron todos unos con otros, de la cola de uno al cuello del otro, formando así una larga cadena de yacarés que tenía más de cien metros. El inmenso surubí se colocó debajo del torpedo y lo sostenía con el lomo para hacerlo flotar [1]. Luego se sujetó con los dientes de la cola del último yacaré y emprendieron la marcha. El surubí sostenía el torpedo y los yacarés tiraban. Subían, bajaban, saltaban por sobre las piedras llevando el torpedo. La mañana siguiente, bien temprano, llegaron al lugar donde habían construido su último dique y comenzaron enseguida otro, pero mucho más fuerte que los anteriores porque, por consejo del surubí, colocaron los troncos bien juntos, uno al lado del otro. Era un dique realmente formidable.

Cuando el buque de guerra apareció otra vez y el bote con el oficial y los marineros se acercó de nuevo al dique, los yacarés se subieron a los troncos y sacaron la cabeza.

—¡Eh, yacarés! —gritó el oficial.

—¡Qué hay! —respondieron los yacarés.

—¿Otra vez el dique?

—¡Sí, otra vez!

---

1. **flotar** : mantenerse en la superficie sin sumergirse.

Cuentos de la selva

—¡Saquen ese dique!

—¡Nunca!

—¿No lo sacan?

—¡No!

—Bueno, entonces oigan —dijo el oficial—. Vamos a deshacer este dique y también los vamos a deshacer a ustedes, a cañonazos, así no podrán hacerlo de nuevo. No va a quedar ni uno solo vivo, ni grandes, ni pequeños, ni gordos, ni flacos, ni jóvenes, ni viejos, como ese viejísimo yacaré que veo allí y que tiene solo dos dientes en la boca.

El viejo y sabio yacaré, al ver que el oficial hablaba de él y se burlaba, le dijo:

—Es cierto que me quedan pocos dientes. ¿Pero usted sabe qué van a comer mañana estos dientes, si no se alejan de aquí? —añadió, abriendo su inmensa boca.

—¿Qué van a comer, a ver? —respondieron los marineros.

—A ese oficialito [1] —dijo el yacaré y se bajó rápidamente de su tronco.

Mientras tanto, el surubí había colocado su torpedo bien en medio del dique y cuatro yacarés lo sujetaban con cuidado debajo del agua. Enseguida, los demás yacarés se hundieron [2] cerca de la orilla y el surubí lo hizo al lado de su torpedo.

De repente el buque de guerra se llenó de humo y lanzó el primer cañonazo que hizo volar en mil pedazos diez o doce troncos.

Pero el surubí estaba alerta y gritó a los yacarés que estaban bajo el agua sujetando el torpedo:

1. **oficialito** : forma despectiva de oficial.
2. **hundirse** : meterse debajo del agua.

Cuentos de la selva

—¡Suelten el torpedo, rápido, suéltenlo!

Los yacarés lo soltaron y el surubí lo lanzó contra el buque.

Los hombres que estaban en él lo vieron llegar y comenzaron a gritar de miedo. Quisieron mover el acorazado, pero ya era tarde; el torpedo llegó, chocó con el inmenso buque bien en el centro, explotó y lo partió en quince mil pedazos.

Los yacarés dieron un grito de triunfo y corrieron como locos al dique. Desde allí vieron pasar a los hombres que se alejaban, arrastrados por la corriente del río, pero no quisieron comerse a ninguno, aunque se lo merecían. Luego sacaron lo que quedaba del dique, pues ya no servía para nada, ya que ningún buque iba a volver a pasar por allí, y dieron las gracias al surubí muchísimas veces. Los peces volvieron y los yacarés vivieron y viven todavía muy felices, porque se han acostumbrado por fin a ver pasar vapores y buques que llevan naranjas. Pero no quieren saber nada de buques de guerra.

Comprensión lectora y auditiva

1 Responde a las siguientes preguntas.

1 ¿Por qué el surubí no quería tener relaciones con los yacarés?
2 ¿De qué manera los ayudó?
3 ¿Quién ganó la guerra?
4 ¿Por qué los yacarés vivieron felices?

2 Escucha y encuentra los datos equivocados. Luego corrígelos y escríbelos correctamente en tu cuaderno.

Los yacarés fueron a pedir ayuda al surubí, que cuando vio a sus viejos amigos se puso muy contento y les regaló, entonces, el torpedo. Los yacarés se fueron. Cuando el buque de guerra apareció otra vez, lanzaron el torpedo. Pero en vez de destruir el buque de guerra, mataron a todos los peces y los pobres yacarés se quedaron sin comida.

Gramática y ortografía

1 Observa atentamente estos monosílabos. Como verás, no llevan tilde.

mal   los   su   lo   al   un   bien   del   en   hay   con   ver

2 Pero hay otros monosílabos que llevan tilde. Observa e intenta entender por qué algunos están acentuados y luego completa la regla.

1 — Préstanos **el** torpedo y lo destruiremos a **él**!
2 — ¿**Qué** quieres?—dijo el surubí, **que** había hecho el viaje al mar con él.
3 Todos **se** quedaron en silencio y el surubí dijo:
— Yo lo haré explotar, yo **sé** hacer eso.
4 — ¿Nos ayudas a llevar el torpedo?
—¡**Sí**! Pero **si** me prometen que no se comerán a los surubíes.
5 —Hay un buque **de** guerra que asusta a nuestros peces. Le diremos al surubí que nos **dé** el torpedo.

Los monosílabos

Según la regla general, los monosílabos (**1**) .... llevan tilde. Pero, en algunos casos, llevan una (**2**) .... llamada *diacrítica* para diferenciarlos de otros monosílabos iguales en su forma, pero (**3**) .... en su significado.

3 **Coloca la tilde en los monosílabos, cuando sea necesario.**

1 Los peces se han ido y nos moriremos de hambre.

2 —¿Que pasa? —dijeron los yacarés.

3 El viejo yacaré se acercó al surubí.

4 —¿Nos ayudas?
—Si, por supuesto.

5 Yo se que el nos ayudará.

6 Si el surubí nos da el torpedo, venceremos.

Léxico

1 **Encuentra el intruso en estos grupos de palabras y justifica tu elección. Luego escribe una frase con cada una de ellas.**

buque	oficial	humo	explotar
torpedo	marinero	hombre	destruyeron
acorazado	surubí	hizo	lanzó
bote	yacaré	humor	se alejaban
vapor	río	hambre	volvieron

1 ....

2 ....

3 ....

4 ....

Expresión escrita y oral

1 Lee el texto y comenta con tus compañeros. Luego responde a las preguntas en tu cuaderno.

En América Latina viven muchas especies de cocodrilos. Estos reptiles corren peligro de extinción porque el hombre los caza para vender sus pieles y su carne. Por eso se ha regulado su comercio y se controla el mercado ilegal.

Los principales demandantes de pieles de cocodrilos son Norteamérica y Europa. En E.E.U.U. el consumo de su carne es muy importante: se consumen anualmente alrededor de veinte mil animales.

En Brasil la comercialización de productos y subproductos procedentes de criaderos es libre y esto permite la venta y el consumo en los restaurantes de platos de comida típica regional preparados con carne de yacaré. En Argentina el mercado interno no existe porque siempre ha estado prohibida la comercialización de estos animales.

(Texto adaptado)

2 Responde a las siguientes preguntas.

1 ¿Has probado alguna vez comida exótica? ¿Qué? ¿Dónde? ¿Cuándo?

2 ¿Crees que la carne de yacaré es sabrosa? ¿Te gustaría probarla?

3 ¿Para qué crees que sirve la piel del yacaré?

4 En tu país ¿hay animales en extinción? ¿Cuáles?

5 ¿Cuáles son los motivos por los que están en extinción?

Misiones:
las Cataratas de Iguazú

Este espectáculo de la naturaleza se originó hace unos 200 mil años en el lugar donde confluyen el río Iguazú y el río Paraná, en la frontera entre Brasil y la provincia de Misiones.

Una falla geológica producida en el Paraná convirtió la desembocadura del río Iguazú en una abrupta cascada de 80 metros de altura.

Las Cataratas están compuestas por 275 saltos de hasta 70 m, alimentados por el río Iguazú.

El salto más imponente es la Garganta del Diablo y se puede apreciar del lado argentino a solo 50 m, mientras que del lado brasileño, a 250 m.

La violencia de la caída de estas aguas produce una niebla permanente, en la que los rayos solares forman múltiples arco iris de gran belleza.

Esta es una de las zonas más húmedas de la Argentina, por su clima subtropical y porque no tiene estaciones secas. Pero, ya desde hace unos años, el clima está cambiando de manera preocupante en esta provincia. Cada vez hay menos días de frío y más sequías [1]. Esto se debe al calentamiento global y a la tala indiscriminada de árboles que se practicó durante muchos años en esta zona y a la gran cantidad de campesinos que destruyen la selva para cultivar o criar ganado e instalarse a vivir con sus familias.

En los últimos años se han tomado medidas de protección que controlan el uso de los recursos naturales, aunque todavía en algunas zonas de la provincia la explotación continúa.

La flora y la fauna de este lugar es muy rica y variada, a pesar de que muchas especies están en peligro de extinción.

Es por eso que en 1989, animales como el yaguareté, el tapir y el oso hormiguero fueron declarados «Monumento Natural Provincial y de Interés Público» y una ley prohíbe su caza y/o posesión en todo el territorio de la provincia de Misiones, con el fin de lograr su preservación.

Conocer Misiones es un privilegio del que no todos son conscientes, no solo porque su

1. **sequía** : ausencia de lluvias.

naturaleza es una de las más variadas del país, sino también por las actividades que allí se pueden realizar: excitantes paseos en lancha muy cerca de los saltos, largas caminatas por los estrechos senderos que permiten apreciar la riqueza de la selva subtropical y regalan a los visitantes panoramas realmente inolvidables.

Comprensión lectora

1 **Responde a las siguientes preguntas.**

1 ¿Cómo se formaron las Cataratas de Iguazú?
2 ¿Qué actividades es posible realizar en Misiones?
3 ¿Por qué se dice que su naturaleza es privilegiada?
4 ¿Cuáles son los problemas más graves que hay en la zona?

2 **Completa el siguiente texto con las palabras o expresiones que encuentras a continuación.**

> **Garganta del Diablo   animales y plantas   frontera**
> **río Iguazú   selva subtropical   están localizadas**
> **senderos   paseos en lancha**

En 1542 los conquistadores españoles, al mando de Álvar Núñez Cabeza de Vaca llegaron casi por casualidad a la actual localidad de Iguazú, mientras exploraban el territorio, y bautizaron aquellas maravillas fluviales como «Salto de Santa María».

Las cataratas **(1)** .... en la provincia de Misiones, en el Parque Nacional Iguazú, en la **(2)** .... con Brasil. En lengua guaraní su nombre quiere decir agua grande.

Están formadas por 275 saltos de hasta 70 m de altura, alimentados por el caudal del **(3)** .... Se pueden realizar **(4)** .... bajo los saltos y caminatas por

(5) .... apreciando las maravillas de la
(6) ....

La (7) .... es un espectáculo que se puede
disfrutar en toda su majestuosidad a tan solo 50 m de distancia.

Esta zona cuenta con una gran variedad de (8) ....
que hacen de ella la provincia más atractiva del país desde el punto
de vista de la naturaleza.

Léxico

1 Estos son algunos de los animales y plantas que habitan en
Misiones. Busca en internet sus fotos y luego completa la tabla.

el tapir   el águila harpía   el pato serrucho

el maracaná cara afeitada   el zorro pitoco   el gato onza

el venado de las Pampas   el lobito de río   la comadreja de agua

el jaguar o yaguareté   el oso hormiguero   el yacaré overo

el lobo Gargantilla   el cedro misionero   el lapacho

la araucaria   el guatambú   el petiribí   el cedro maco

Aves	Animales terrestres	Anfibios	Árboles

1 Lee estas descripciones y escribe los nombres de los personajes a los que se refieren. Justifica tu respuesta.

1   Es muy perezosa. (**a**) ....
    Porque (**b**) ....

2   Es muy solidaria, cariñosa y agradecida. (**a**) ....
    Porque (**b**) ....

3   Es desobediente. (**a**) ....
    Porque (**b**) ....

4   No es rencoroso. (**a**) ....
    Porque (**b**) ....

5   Son muy unidos. (**a**) ....
    Porque (**b**) ....

6   Son prepotentes. (**a**) ....
    Porque (**b**) ....

2 Escucha y completa cada vez con el nombre del personaje que habla. Luego responde adecuadamente.

1   (**a**).. —¡Mañana, sin falta, voy a trabajar!
    (**b**) ....

2   (**a**).. —¡Tengo sed! ¡Me voy a morir de sed!
    (**b**) ....

3   (**a**).. —Ten cuidado, hija, que las abejas pican.
    (**b**) ....

4   (**a**).. —¡Quiten esos troncos! ¡No podemos pasar!
    (**b**) ....

3 Escucha y lee estas palabras. Luego decide si añadir o no la tilde.

habia	egoismo	dia	Misiones	sabias	sabias	volvia	
Raul	vuelve	viejas	cielo	filosofia	piedras	frio	tierra
	pais	construia	comia	rio	baul		

4 El año pasado viajaste a Argentina con tu familia y fuiste a Misiones. Un amigo tuyo quiere viajar a Sudamérica pero no sabe a qué país ir. Escríbele una carta y sugiérele que vaya a conocer las Cataratas de Iguazú y las Misiones Jesuíticas. Coméntale las maravillas de esa provincia y todo lo que se puede hacer allí.

5 Conjuga los verbos en pretérito imperfecto o pretérito indefinido, según corresponda, y completa el texto.

Los indios guaraníes

Los indios guaraníes **1** (*vivir*) .... en el sur de Brasil, el este de Bolivia y Paraguay y el noreste de Argentina, cuando aún no habían llegado los conquistadores.

Pero, pronto, los reinos de España y de Portugal **2** (*comenzar*) .... a disputarse esos territorios porque **3** (*querer*) .... usar a los indios como mano de obra, es decir, hacerlos esclavos.

Entre los años 1600 y 1750, los misioneros jesuitas se **4** (*ocupar*) .... de la administración de los guaraníes y **5** (*fundar*) .... muchas reducciones que se transformaron en refugios para los indios, aislados del sistema económico colonial y autosuficientes: los indios **6** (*trabajar*) .... sus propias tierras y **7** (*consumir*) .... lo que producían.

Pero como los españoles y los portugueses esperaban, en cambio, poder contar con esa mano de obra, **8** (*comenzar*) .... a organizar expediciones para capturar indígenas y transformarlos en esclavos.

En 1750 Portugal y España se **9** (*repartir*) .... los territorios guaraníes y **10** (*expulsar*) .... definitivamente a los Jesuitas.

6 Elige cada vez una opción y completa el texto.

La alimentación de los guaraníes

Estos indios vivían en zonas selváticas, donde era muy difícil obtener el alimento **1** (*porque/como/por que*) .... los recursos estaban muy dispersos. No había grandes animales para cazar y los suelos no eran **2** (*mucho/muy/muchos*) .... fértiles.

Las tierras donde cultivaban eran de toda la comunidad. Por lo tanto, los trabajos se hacían en grupo.

Cultivaban maíz, mandioca, sandía, batata, caña de azúcar, etc. También **3** (*algún/algo/algunos*) .... vegetales no destinados a su alimentación: el algodón, para fabricar sus ropas; el tabaco, para sus ceremonias religiosas; **4** (*hierbas/ierbas*) .... medicinales, para curarse.

También consumían **5** (*uevos/huevos/guevos*) .... de perdices y de patos, miel de avispa, larvas de mariposa, etc.